大夏书系·教育艺术

教育中的对话艺术

孙建锋 著

华东师范大学出版社
全国百佳图书出版单位

自 序
Preface

对话就像呼吸一样简单

语言是存在的家。人在语言的世界里对话，也在超语言的世界里对话。人的一呼一吸，都是对话。对话，与呼吸等长；对话，检验着人的存在。教育对话，像呼吸一样简单。简单，不是因其"少"，而是因其"不多余"。这是教育对话的执信与操守。

与学生对话很简单。这种简单是一种"给予"。一次应邀到外地讲课。大礼堂里坐着上千余名听课者。学生是临时从附近学校里"借"来的，孩子们既兴奋又紧张。要读课文了，他们齐刷刷地举起了小手。一个6岁的有点口吃的小女孩自告奋勇站起来，把一个优美的句子读得"支离破碎"。同学们哄堂大笑，她羞得无地自容，眼泪都流下来了。心有猛虎，细嗅蔷薇，想用最大的力量拥抱她，却只敢用最轻的对话"触摸"她。我走过去，蹲下来，仰视她，微笑道："每个人都是被天使咬过一口的苹果。有的苹果格外香甜，天使就多咬了一口。"她听了，点了点头，说："我要让天使再咬一口！我想再读一遍！"我在孩子身上做了春天在樱桃树上做的事情，那一刻，教室里静极了，大家都在谛听"天使咬苹果的声音"……教师与学生对话就是这样简单：给弱者尊严，给强者仁爱,给所有孩子看世界的眼睛。沉浸在这样的学习共同体之中,可以感受到的是师生之间关怀、帮助的温暖意向,对话的艺术价值在于它恒久地隐含着值得人们一再发现和不断回味的不可见的意义。

与教师对话很简单。这种简单是一种"创意"。曾应邀到某地现场创课《缔造完美教室》,课行中,我相机播放了一段"基廷老师怂恿学生撕碎课本"的视频,学生被撩拨得跃跃欲试。这时,我邀请现场观课的一位教师走上讲台,请他接着我的课往下上,"真刀真枪"地师师对话,旨在"怂恿"他成为"第二个基廷",希冀他能灵动有创意,巧妙唤醒学生当众撕掉《草船借箭》(课文复印资料)……这个现场创生的师师对话,其艺术性在于不是玩弄瞬即消逝的惊愕,而是塑造一种对"不唯书"与"不跪着教书"长期起作用的典范。这一情境的创设,让学生在阅读中感受到乐趣,这种乐趣又把学生引深到思考中去,在思辨中再得到更大的乐趣。这是创课的价值,也是它真正存在的意义。当然,每一种创意的后面都有满腔的热情。切莫轻言我们置身的教室空间小,不过一个坚果核,"螺蛳壳里做不了什么道场"。教室里可以"做道场",那是我们匍匐、信仰、朝拜、修炼、传道、普度的地方,也是最神圣的、最神奇的、最美好的地方。创者为王,只要创课,"即使困在一个坚果核里,我仍然称自己为无限空间的王"(《哈姆雷特》)。

与文本对话很简单。这种简单是一种"完成"。30年前的初冬,在一所北方乡镇小学简陋的教室里,为了让学生对"草色遥看近却无"有直观的感受,我硬是将一块泡沫板涂成大地的颜色,采来松针,在上面疏密有致地栽了上万棵"小草"……这幅"画"是我的冲动的"完成"。毕加索说,"完成"一幅画,就好比毁灭某个人,那是在杀死他——这个"完成"被人们视作一种要求。后来,我才慢慢地领悟到课文有所不同,文本千变万化,要想以不变应万变与文本对话,就要创造。创造体现的是一种速度或节奏,一种"在……中"之生成,以及一种自我释放的生命自由。所以,每一次创造,都是一种"完成"。"完成"的魅力不只是在于对话艺术作品本身,还在于它隐含着思想创造及生命艺术的奥秘;

"完成"的魅力是一种难以表达而又直逼内心情感的淳朴感受，它以内在的无穷待发的潜在性和可能性，汹涌澎湃地冲击每个教育人的灵魂深处，推动其生命的各个部分激荡起来，创造性地与文本对话。

与自我对话很简单。这种简单是一种"享有"。每个人的内心都藏着自己所要寻求的光。在我看来，除了言论、信仰、免于匮乏、免于恐惧这四种自由之外，人类确实还享有第五种自由，那就是"成为最佳"的自由。这个"第五种自由"，在某种程度上意味着自己与自己对话，即先在心里塑造一个完美的自我，再努力做得像这个自我一样完美。对于教师来说，要想塑造完美自我，莫过于创课——理念首创、教材首创、设计首创、教学首创、反思首创、发表首创，"六创"并举，实时"创课"。这些年，每每应邀公开教学，我自觉追求的创课是不彩排，不对口型，不打埋伏，不参照"任何他者"，现场上原生态"处女课"。在一个失信的时代，公开课越是首创越温暖，也越打动人心。追求创课是一种信仰。我相信一个人真正的成长是不断自我进化；相信每个人都可以成为自己的塑造者；相信藉由创课能在所知的局限中最大限度地成就内在的自我；相信教育中一切事物和一切时刻的合理的内在联系；相信教育作为整体将永远延续下去；相信教育对话能沟通最近和最远的东西。在享有"第五种自由"者眼里，创课属于每个人，但没有人能替"我"创课，创课就是"杀死"过去，使得"我"活在我的"鲜活未来"，因为今天的教育和教师如果不生活在未来，未来的学生将生活在过去。

教育中的对话是一种艺术，它意味着一种生存哲学。在我看来，教育中的对话艺术，不是师生"说什么"或"怎么说"，而是"说法"中体现的"活法"，师生对话所体现的是一种生存哲学。教育中的师生对话建立了一种相互敞开、相互依存的关系，每一次教育对话都是师生生命的相互烛照与相互趋近，都是师生共同"在场"的相互审视与相互认证。师生生命在对话中敞亮与展开，主体建构在对话中实现与锚固，精神文明在对话中濡养与超升。师生不同样态的生命安顿，在"辉煌敞开"的对话中，相互叩问、相互聆听，共同寻找生命的奥义，共同拆除囚闭之墙、搭建抵达之桥，共同召唤着未知。生命对话不是一次性完成的，也不是通过一次创造性对话就可以一蹴而就的。生命对话需要在它的延绵中实现一再的更新化的创造。通过不停地超越，永不满足地实现更新，生命才能克服原先的欠缺，不断地弥补其生存中所感受的"不满"，填补其部分的"空虚"，也补偿其消耗的部分。

教育中的对话是一种艺术，它意味着一种创造精神。依我的理解，教育中的对话艺术，有他性的激活，也有我性的坚守；在创造中吸纳，在吸纳中创造，是为对话的创造精神。教师生命的呈现，主要表现在他的创造活动，并通过创造体现出生命的独特性及其不可通约的个性。教师生命存在的特色，就在于他引领学生"打破时空的界限，克服个人生命的有限范围，把学生引入民族与世界、古代与现代思想文化的宝库，与百年之远、万仞之遥的大师巨匠，与古今中外的小说家、剧作家、诗人、散文家……进行心灵的交流，精神的对话"。这种精神对话就像游牧民那样在平滑空间中肆意地闯荡，永无止境地进行吸纳与创造运动。生命尚存，对话不止，创造不息。反过来，只有创造不息和对话不止，生命才显示其意义，使生命的历程，通过一系列的悖论、矛盾、危机和曲折复杂的"游牧"活动，通过主体间、文本间以及人与自然之间的无止尽的交流运动，通过在人文社会科学领域内尽可能漫长的迂回，充满探险与创新的乐趣。教育中的对话艺术，就在于珍视"差异"，每个人都不一样，每个人的过去和现在也不一样。对话就是在尊重个体差异中展开的。差异以"一"作为经验出现，却立即以N、以它的N次方被思考。差异必须也只能在差异的重复与回返中成为思想。创造精神在差异"形成"的过程中，从"可能"中催生出"当前"。由此，创造从一个静态的名词世界前往一个流动的动词世界。这些动词本身在融合，处在"形成"的过程中。它们构成一个流动的创造域。

教育中的对话是一种艺术，它意味着一种无尽审美。在我看来，人生的最高价值，人类生存的真正本质，就在于审美性，无尽审美，是教育中的对话的艺术旨归。

第一,营造一种对话教学鱼水亲和的氛围美。一种经由教师和学生倾情打造的对话氛围,宛如山之光,水之声,月之色,花之香,有着无可名状的美:对话中,教师真诚地把学生看作心灵上的朋友,学生忘情地把教师当作灵魂中的亲人;教师眉开眼笑,学生眉飞色舞;教师欢声笑语,学生莺歌燕舞;教师柔情似水,学生情深似海。如果说滔滔河流是两山之间的桥,绵绵细雨是天地之间的桥,缕缕阳光是天宇和地球之间的桥,那么浓浓情感就是教师和学生心灵对话的桥。"心桥"飞架,对话变通途——心空月朗,凉风习习,地碧天蓝,襟怀若谷;话语涓涓而流,心门徐徐洞开。如果说"艺花可以邀蝶,垒石可以邀云,栽松可以邀风,贮水可以邀萍,筑台可以邀月,种蕉可以邀雨,植柳可以邀蝉"(张潮《幽梦影》),那么,造境可以邀"心",身置此境,话谈清了,理讲透了,情交融了,心贴紧了。情至理顺,精神漫游。哪有心声不能聆听?哪有心灵不能理喻?哪有心室不能点亮?哪有心花不能怒放?

第二,享受一种对话教学人格平等的精神美。当一元的、凝固的、排他的独白教学,极力标榜自己最正确、最权威,不同别人对话,不承认第二种声音、不容纳第二种意见的时候,一种多元的、相对的、争辩的对话教学,在承认不同意见,聆听不同声音的同时,已经针锋相对地对独白教学进行"革命"了。在平等的对话中,师生之间那种灌输与被灌输、征服与被征服的关系被解构,一种民主的、平等的、互动的、共享的双赢乃至多赢的格局在建构。教师不再是金口玉言的"师皇",而是平等对话的首席;不再是绝对真理的代言人,而是平等对话的精神领袖。在平等的对话中,话语如涓涓细水,潺潺而流;心门似春之柴扉,轻轻洞开。师生相互尊重、相互倾听,彼此敞开心扉,真诚肯定对方、赏识对方、悦纳对方,彼此共享知识、共享经验、共享智慧、共享丰富多彩的生活意义与曼妙丰盈的人生价值。几十颗心,以心印心,心心相印,沉浸在思想交锋、情感相融、心灵交会的大场里,吮吸、消融、同化、排解,思维之神得以多方面地顿悟和升华,心灵之殿得以广角地净化和超拔。

第三，塑造一种对话教学流动生成的品位美。梅令人高，兰令人幽，松令人逸，菊令人野，植物有植物的品位，对话有对话的品位。塑造对话的品位美，就是在"教学相长"的情境中切磋技艺，在相互信赖的氛围下启迪心智；就是以石击石火花迸射，以情生情心潮相逐，以思引思丝丝联结；就是交流之后认可，肯定之中引导，浅层之下深入；就是用心灵感动心灵，用生命点燃生命，用灵魂塑造灵魂，用智慧开启智慧；就是在师生平等对话过程中相互碰撞、相互回应、相互融合、相互创生出一种流动生成的生命美。

美是生命，生命就是美。美不是想象的行动，而是行动的想象。教学中，凡是有生命存在和展现的地方，便有美神秘地和令人动情地呈现在那里。美伴随师生生命的成长而呈现。生命的自然历程，为美的展现和敞开，提供广阔的前景，也为美的内在强大力量的涌现及其神圣性，奠定不可摧毁的基础。所有师生的生命都是唯一的，不可替代的；同样地，所有来自生命的美，也都是唯一的，不可替代的，珍贵的，因而也是永恒的，又是瞬间的。美在教育对话永恒和瞬间的交错中，展现她的珍贵性、历史性、偶然性、爆发性、突发性、循环性和奇异性，同时也展现她的神秘性和诱惑性，展现她的多样性、变动性和灵活性。在美之中，隐含师生创造的动力与智能。美是师生生命本身的精华和本质。美永远像生命那样，有无穷无尽的新生源泉，又有无限的发展前程。教育的对话艺术，就是在教育中对话，在对话中教育，珍惜生命的每一刻，抓住生命的每一个机会，点燃起生命的每一个火花。

目 录
Contents

第一辑 与学生对话的艺术

"老师,你在乎我吗?" / 003

老师做回孩子 / 006

聆听孩子说《画》 / 011

落实核心素养:关键在于课堂操持 / 014

"真对话"取代"伪对话" / 019

对话:"1+1 大于 2" / 024

让儿童成为儿童 / 028

身和心一起蹲下 / 033

学生给老师上课 / 041

营造对话的仪式感 / 048

寻找课堂中不存在的学生 / 052

引领学生与生活美精准对话 / 056

在对话中解放自己 / 060

珍惜每次对话的精神相遇 / 064

对话重在生命唤醒 / 071

追求极简的教学对话艺术 / 075

第二辑　与教师对话的艺术

对话怎样生发转变力 / 081

让对话带你到陌生的地方 / 085

对话将凝视的目光朝向自身 / 087

我们怎样与考"共舞" / 094

向音乐老师学示范 / 098

临课也是一种对话 / 101

对话艺术有答案吗 / 106

评课对话是一种慰藉的艺术 / 109

你我都能成为对话的觉者 / 114

创课，创点在"课眼" / 121

第三辑　与文本对话的艺术

与"嘴角带着微笑"对话 / 127

创课怎样创教材 / 129

教学设计要有反对自我的意识 / 136

做学生与文本恋爱的媒人 / 139

与文本对话，何不肉眼、天眼齐观 / 141

与文本对话要有效度 / 143

文本对话：道法自然，师法万物 / 146

向文本更深处漫溯 / 151

寻找文本对话的交集 / 160

文本对话从线性思维走向非线性思维 / 163

与文本广角对话 / 170

找准靶点，精准对话 / 174

第四辑　与自我对话的艺术

好好经营自己的心 / 181

在对话中看到自己 / 187

自然的一切，都是对话的法身 / 190

你是我对话的重要他者 / 193

自主的能量 / 195

想大问题，做小事情 / 198

艺术的目的是延续美丽 / 201

在教室里，没有谁是普通人 / 205

自我对话，近大者大 / 207

日常教学，才是最美的远方 / 210

从"自我归罪"的恐惧中走出来 / 213

出发不需要路 / 216

第一辑
与学生对话的艺术

- "老师,你在乎我吗?"
- 老师做回孩子
- 聆听孩子说《画》
- 落实核心素养:关键在于课堂操持
- "真对话"取代"伪对话"
- 对话:"1+1 大于 2"
- 让儿童成为儿童
- 身和心一起蹲下
- ……

"老师,你在乎我吗?"

什么是在乎?学生渴望老师在乎什么?老师应该怎样在乎学生?请用教学实践来回答。

学了《在乎》这篇课文,一个孩子冲着刚接班不久的老师问:"你在乎你家的宠物狗吗?"

"当然"。

"它叫什么名字?"

"索菲。"老师脱口而出。

"老师,你在乎我吗?"孩子又问。

"怎么不在乎?"

"我叫什么名字?"

"嗯……"老师一时语塞。

……

"老师,你在乎我吗?"孩子的"原语言"不是"将军",而是"捐赠"。诗意栖居在对话的课堂上,就必须接受孩子"捐赠的礼物",使自己与孩子的精神相遇,将自己引入审美的教学对话艺术之境。

老师,何不像孩子似的追问一下自己呢?

我真正在乎的人,在乎的事,在乎的教育,在乎的理念,在乎的一节课,在乎的一本书……究竟是什么?这不仅是一种情感和情绪的追问,同时关乎人的价值和自我理解，更事关对待"自身"生命的态度。

譬如上文那位老师，在没有与学生对话以前，本质上是"缺席"的。"缺席"能够给予那位老师自身永恒的自我超越和自我创造的强大动力：需要去重建自身所期望的在乎的体系。

2017年5月28日，美国康奈尔大学第149届毕业典礼如期举行，毕业生座席中，空着一张椅子，椅背的牌子上写着"缅怀"，这是留给满足了毕业条件，但已经去世了的学生Susan的……

死亡比生还更加不可捉摸、不可预见和不可把握。"面对死亡，不清醒也不行。"（龙应台语）只有理解了死亡的人，才算真正地认识了自己。死是生的一部分，是生的终点，是特殊的生。死亡时时刻刻存在并渗透于生命之中，死亡与生命不可分割。生与死，就其本质而言，从来都不是纯粹的肉体问题。对于Susan而言，"缅怀"的重要性，并不在于毕业典礼上所举行的仪式没有"旁落"她，而是在于它所呈现的审美价值。对于追求生存美的人来说，死亡非但不是生命的终结，反而是审美生存的最高表现。与一张写有"缅怀"的椅子对话，就是与"死亡美学"的教育对话，审美把Susan的死和在场的生者连接在一起，她或许会自豪地说："我是如此骄傲，学校里还有多么令人难以割舍的'在乎'。"

在乎，就是用最纯粹、最诚恳的心，将对方的生命放进自己心中，彼此扶持与惦念，共同走过生命起跌，构成难以割舍的联系，并令每一个独立的个体在人海中结成一体，哪怕她是Susan，也要留一张椅子，以示对逝去生命的在乎。

《在乎》那课堂也好，康奈尔大学的毕业典礼也罢，真正值得珍视的，并不在于学生在客观上是否独一无二，而在于教育者能否全心全意地在乎，建立起真正的关联，并投入到一段彼此真诚的对话中。有了真诚的对话，聆听对方，你方能明白，在乎是一种责任。

这种责任，意味着在乎自身。

为何要在乎自身？"世界上最重要的事情就是认识自身。"（蒙田语）只有意识到自身的存在，并在浩瀚宇宙中为自身找到一个立足点，生命意义才会浮现。只有在乎自身，才能转向自身，相信自身，关怀自身，在满足自身中，不断实现审美生存的自由逾越。在乎自身，时时刻刻面临可能性，时时刻刻与"诘问""探索""冒险""逾越"相遇。教学对话艺术之美，会在自身的审美生存中"绵延一片"。

  这种责任，意味着在乎选择。

  人总是在一次又一次的选择中学习，学习作出好的和对的决定。更重要的是，我们不仅在乎结果，也在乎选择本身。选择的过程，其实就在应用人的理性能力和道德能力，让自己真切感受到，自己有能力去制订和实现自己的教育规划，并且为自己的教学生命赋予意义。这是一种教育自由人的意识。这种意识愈强，就愈不接受他者强加其意志于我们身上，愈不接受"独白"，愈加相信自己有能力通过教学对话艺术，去参与和重构在乎一己与在乎学生的重要"狂欢"。

  这种责任，意味着在乎仪式。

  如若总有职业倦怠，觉得教育无趣，也许是因为教学生活缺少了仪式感。有了仪式，就有了真诚的教学对话艺术，记住所教学生的姓名；就有了充满真情的教育对话艺术，给逝者留一张"缅怀"之椅。仪式感会让平淡的教学日子变得生动有趣。巧慧的教学对话艺术，正是教师给学生的"多余"仪式。难道你不这样认为吗？

老师做回孩子

老师做回孩子,是与学生有效对话的重要方法之一。那么,老师怎样做回孩子呢?

一、"复归婴儿"

剑桥博士毕业之后,嫁了一个英国人,定居伦敦。不几年,她家宝宝便开始了牙牙学语——

都说李太白的《静夜思》通俗易懂、妇孺皆知,可是在她家却是妇知,孺不知(不懂)。但是宝宝凭着自己的英国口音和非凡的化繁为简的理解力,演绎出更通俗的版本:

她:(字正腔圆地)床前明月光。

宝:(费九牛二虎之力地)窗前没有光,窗前没有光。

她:(轻轻地)疑是地上霜。

宝:(大声地)一个地上霜,窗前没有光。

她:(抑扬顿挫地)举头望明月。

宝:(百思不得其解地)记得晚上月,窗前没有光。

她:(饱含感情地)低头思故乡。

宝:(恍然大悟地)西头是故乡,窗前没有光!

……

宝宝简直萌化了，出口成"诗"。

"诗"可比肩李太白，让人"惊异"：一个是从混沌无知到自我意识初萌；一个是打破一般的自我观念而创造新的世界。前者是自发的，后者是自觉的。一般成年人的日常生活了无趣味，是因其自我意识通过知识、判断确立起来之后，失去了进一步创造和提升的余地。确定的知识、固化的判断都是"惊异"的对立面。少数人则以其创造性活动赋予人生新的意义，也为文化注入新的精神活力。这正是老子主张"复归婴儿"的深刻之处。

"复归婴儿"之后，才有可能创造"惊异"。"惊异"，是激活人的精神生活的催化剂，是将人的精神生活提升到审美境界的助推器。

"复归婴儿"是每个成人应该播种的希望。希望总与实现希望的劳作紧密相连。"希望也是痛苦与幸福、黑暗与光明的转换。所以，一次希望就是一场不平静的战斗。"（康德语）

二、不要引起孩子的一滴眼泪

有一周看到一个孩子落泪了。

那是周二，我到某班听二年级的一节公开课。老师正在黑板上抄写"百花齐放"的解释——"很多种花一起开放"。

"同一棵树上的花，都不会一起开放的，许多花怎么会一起开放呢?"这时，一个小男孩勇敢地站起来提出自己的"见解"，"春天来啦，不论什么样的花都能够按照自己的样子开放。"

"是听你的，还是听老师的?"执教老师的第一反应是对孩子的考试"负责"，因其"责任心"太强，所以已经进入了无他（听课老师）的状态，"如果听你的，考试怎么办?"

"谁的对，听谁的!"小家伙很有个性，似乎不把老师当外人，"那考试也不能不讲理啊!"

"说谁不讲理呢?"老师一听火了，于是下了逐客令，"出去!"

孩子走出教室时，流着眼泪……

每一天，每一课，每一个孩子的心都需要被人倾听。

课后，我给执教老师发了一条微信："我们所遇到的一切都有美好的旨意，即便有时我们难以理解。"随后，发给他我的一篇随笔——《每节课，每个环节，我们都在"创课"》。

创课的独特之处在于其变化不居：创课从未固定，因为它自己的生命活动、课程活动都在不断变化，好似水在流动的过程中不断变换位置。

因此，"异"是创课的关键词。

创课的"异"表现在对于已确信的事物的否定。

创课者的任务在任何时代都不是对"现在"的代言，而是对未来的构想。创课者有"异"的观念，否定当下，否定固化世界的内部。创课者对确信总是持否定态度。很多事情都是不可确定的，都是有偶然性的，我们有机会去改变。创课者的乐观主义是真正的乐观主义。

创课者信仰陀思妥耶夫斯基在《卡拉马佐夫兄弟》中的一句话："无论事业多么伟大，只要引起孩子的一滴眼泪，那么我就不做。"同理，无论标榜得多么高尚的事，只要个体的"异"被压制，那么我们也要斗争到底。

三、在猴子眼里，花是鹅卵石

一节微型口语交际课开始了——

执教老师一走进课堂就举起手中的一枝花，满面春风地问孩子："这是什么？"

"花"。五年级的孩子快速齐答。

"如果现在有一只小猴走进来，我把花在它面前摇一摇，它会做什么？"

"它有可能一把夺走这枝花。""也有可能不感兴趣，连看也不看一眼。""不确定，也许会吓跑吧！"

"小猴是如何看待这枝花的呢？"

"它把花看成一块鹅卵石。"

"那么谁是对的？人还是猴？这个东西是花还是鹅卵石？"

"我认为都是对的。因为在我眼里，老师手中拿的就是一枝花；在猴子眼里，它就是块鹅卵石。"

"人有人的权利，猴子也有猴子的权利。对于不同的观者而言，这个物体既可以是花，又可以是鹅卵石。"老师接着问，"如果我把这个物体放在课桌上，我们和猴子都离开了教室，课桌上的这个物体是花还是鹅卵石呢？"

"如果人和猴子都不在，那么它哪个都不是。但是它有成为花和鹅卵石的可能，这要看是人还是猴子走进教室了。"

"当人和猴子离开了教室，课桌上的物体就是'空的'。我们周围一切的人事物都是'空的'，具有潜能。它们就如这枝花，是什么，怎么样——取决于是谁在看。"

……

这节用心对话的创课很有"骨感"，棱角分明、干练清朗、意蕴丰赡，颇具审美价值。显然，它在逼近"创课艺术"。

创课艺术，意味着创课是教师生命自身的自我创造、自我展现和自我实现的过程。创课教师只有真正把握自身生命的脉动频率，掌握自身生命内在要求之精华，才有可能创造出富有生命力的教学艺术作品。

教学艺术作品最生动地表现出教师本人的生命特征——

"是花还是鹅卵石？"答案并不重要，得月而忘指，"我们周围一切的人事物都是'空的'，具有潜能。它们就如这枝花，是什么，怎么样——取决于是谁在看"。教师有什么样的生命状态和生活风格，就会创造出什么样的教学艺术作品。

只有当一位教师真切地感受到自身生命的快乐、痛苦和理想的时候，他才能创造出真正符合其自身品味的教学艺术作品。对生命无所感受、无所体验和无所忧虑的教师，不是真正的教师，他也不可能创造出优秀的富有生命力的教学艺术作品。

　　老师做回孩子，不要走在孩子的后面，因为孩子可能不会引路；不要走在孩子的前面，因为孩子可能不会跟随；请走在孩子的身边，做孩子的朋友。

聆听孩子说《画》

在我看来，对话教学中教师关注的重点应该放在对话的空气、土壤、养料和水分等环境的营造上。这样，对话才能让生命自由生长的"可能性"变成常态，学生只要茁壮生长，教师就为之鼓掌，这才是教育最美的地方。让我们一起聆听孩子说《画》：

生："本来是"远看山无色，近听水有声。春去花不在，人来鸟受惊"，为什么是"远看山有色，近听水无声。春去花还在，人来鸟不惊"？

师：谁来告诉他？

生：因为是画。

生：如果这是一幅画在心里的画呢？

生：那要看画画人的心情了。如果他的心情好，山水就有声有色，处处花香鸟语，看哪里都很美；如果他心情不好，山水就黯然失色，花也流泪，鸟也惊心。

生：如果是画在心里的画，山有色就是无色，无色也是有色；水有声就是无声，无声胜有声；只要人心花怒放，宠辱不惊，至于花在与不在，鸟惊与不惊，有多大关系呢？

师：《画》再美，也不如你们的话美！感谢同学们为我说《画》！

……

与其说这位执教老师是在聆听孩子说《画》，不如说她是通过教学对话为自己画像。

她是个"在乎"的老师。她在乎孩子"本来是……为什么是……"的疑问。这种在乎是一种建构的过程，同时也是一种解构的过程。它表象上是建构一种问题意识，本质上是建构一种师生对话关系——一种"我—你"关系。它解构的是不属于对话的"我—它"关系，学生真正成了我有问题我发问的学习者，学习者主体地位的确立，使得人真正立在了课堂中央。

她是个"不在乎"的老师。她不在乎别人的《画》怎样上，她不在乎教参、教案怎样编写，她不在乎后面有没有人听课，她不在乎考试能否考到学生提出的"为什么"，她不在乎孩子的"对话"是"枝繁叶茂"，是"一枝独秀"，还是"孤芳自赏"，她都为学生鼓掌，她不在乎一切功利教学，内心开满了对话教学的"花香"。

不在乎，便不持有；不持有，便能"放下"。不是吗？她不持有"标准答案"，当学生抛出问题，她只是云淡风轻地来一句："谁来告诉他？"孩子们七嘴八舌，言人人殊，她放下"金口玉言"与"一锤定音"的当堂"宣判"，只是发自内心地谦卑赞叹："《画》再美，也不如你们的话美！感谢同学们为我说《画》！"如此对话，教育的"客体"变了，从"孩子"变成了"环境"。（当然，老师自身也是环境的一部分）

放下了，才强大。强大，不因为老师拥有教室里的绝对控制权，也不因为老师孔武有力，更不因为老师聪慧周全、人格完善，足以站在制高点上俯视孩子，而是因为老师的境遇受到限制，身上表现的是各种完成。而孩子却正好相反，那"画在心里的画，山有色就是无色，无色也是有色；水有声就是无声，无声胜有声；只要人心花怒放，宠辱不惊，至于花在与不在，鸟惊与不惊，有多大关系呢"的完美无瑕的想象，充满着无限可能，他们以天真烂漫的强大想象摧毁成人固有经验的伟大。

强大了，才谦恭。那些为了应试"锣鼓喧天""满场杀伐"的课堂，咄咄逼人的进攻只是一种假象，一种诡计，哪怕花样翻新也常常是在自己和世界面前遮掩不可告人的弱点。执教老师的谦恭对话，包含了多少力量。她仿佛成了捷克诗人福尔克笔下的"我",越长越矮,越长越小,变成了人间最矮小的人。"清晨,我来到阳光下的草地,伸手采撷最小的花朵,脸贴近花朵轻声耳语:我亲爱的孩子,你无衣无鞋,托着晶莹闪亮的露珠一颗,蓝天把手支撑在你的身上。为了不让它的大厦坍塌。"我们每一个人,不管是蓬乱丛生的蓟草,还是高大挺拔的青松,都在支撑着我们头上的苍穹,免得这个大厦——我们的世界大厦坍塌。

落实核心素养：关键在于课堂操持

一老师说，他楼下有一家"星光"酒店，一个月前改名"月亮"酒店。图新鲜，不少人赶忙光顾，品尝后大家都说：酒还是那个酒，菜还是那个菜。没多久，"月光"和"星光"一样黯然失色……厨艺不变，服务不变，店名频变，哪怕酒店更名"希尔顿"，没有回头客，生意能兴隆？

从"课标"到"新课标"到"核心素养"，教育改革不在于单纯改个什么名号，也不在于刻意增删多少字句，关键在于课堂的操持。课堂操持不到位，核心素养只能悬在空中，不可能落地生根，更不可能长成参天大树。

那么，落实核心素养，课堂应该怎样操持呢？

我曾"唤醒"一位二年级的老师——落实核心素养，不求每节课面面俱到，但求每节课能突破一点点，点动成线，线动成面，面动成体。唯此，培养"全面发展的人"的核心素养目标体系才能得以真正落实。

下面结合他教学《称赞》的两个例子，谈谈他是怎样"结合上下文和生活实际了解课文中词句的意思"和"重视情感、态度、价值观的正确导向"而落实"人文底蕴"这一核心素养的。

一、以一颗不粗糙的心，理解另一颗不粗糙的心

师：请读课文第二节。

生："在小路边，他看见一只小獾在学做木工。小獾已经做成了三个

小板凳。板凳做得很粗糙。但是看得出，他做得很认真。"

师：有问题吗？

生：什么是"粗糙"？

师：谁能解释一下这个词语？

（学生们一下子愣住了，看来解词有点困难。）

师：（四十多岁的执教老师，伸出他常年劳作的手，微笑着对提问的学生说）咱们握握手，好吗？

（师生握了握手。）

师：你的小手真细嫩！

生：老师，您的手就像我爸的手，很粗糙。

（紧接着是学生们开心的笑声。）

师：我俩的手相比较，粗糙就是……？

生：不细嫩。

师：生活中，哪些场合你还感受到过"粗糙"？

生：妈妈炒土豆就很粗糙，不像爸爸土豆丝切得很细，放上青椒和红椒一起爆炒，最后放点醋和糖。

师：生活味很浓。爸爸妈妈的厨艺，一个精细，一个粗糙。

生：喜鹊在树杈上垒的窝，看上去很粗糙，但是很结实。

师：北京鸟巢的建筑设计可能受此启发吧。

生：与西班牙、巴西等国的足球强队相比，我国的足球队脚法显得很粗糙。

师：脚法粗糙的球队，要向脚法细腻的球队学习啊！

生：爸爸跟叔叔说，你的酒店管理再这样粗糙，最后非关门不可。

师：爸爸说得有道理，不光是酒店，经营任何企业，都需要细致管理，粗糙地管理，肯定难以立于不败之地。

生：外婆说，过日子要精细些，吃大米要粗糙些。

师：外婆懂生活，会养生，精米不如糙米营养价值高。

生：老师，我觉得你的手粗糙，但引领我们理解什么是粗糙，一点都不粗糙。

师：谢谢你！以一颗不粗糙的心，理解另一颗不粗糙的心。

……

传统教学的词语理解，往往是教师直截了当地告诉学生该词语在教参或词典上的注释，然后，让学生抄写、背诵下来，其流弊在于这是一种单一告知、机械灌输、死记硬背的教学方法。学生失去了自主学习的机会与能力。新课标倡导学生要能够"结合上下文和生活实际了解课文中词句的意思"。结合上下文解词，即结合具体的语境解词；结合生活实际解词，即在特定的生活场景中激活并运用词语。一如上文案例，从触摸教师的手，到爸爸妈妈炒土豆丝，再到踢足球、企业管理、教师教书……不同的生活场景，都有"粗糙"，也都有不粗糙。教师引领学生不再是死记硬背"粗糙"，而是学会运用"粗糙"，巧妙的对话唤醒了学生"以一颗不粗糙的心，理解另一颗不粗糙的心"。学会灵活运用词语比单纯学会解释词语更重要，运用是更深的理解，是文化素养的真正落实。

二、每个人的成功都独一无二，都值得称赞

师：小刺猬称赞小獾；小獾称赞小刺猬。小刺猬和小獾＿＿＿称赞？
生：小刺猬和小獾<u>互相</u>称赞。
师：小獾是学做木工的；小刺猬是采果子的。学做木工的和采果子的＿＿＿称赞？
生：学做木工的和采果子的<u>互相</u>称赞。
师：学做木工的是劳动者，采果子的也是＿＿＿＿？
生：采果子的也是<u>劳动者</u>。
师：＿＿＿＿和＿＿＿＿互相称赞。
生：<u>劳动者</u>和<u>劳动者</u>互相称赞。

……

师：王冰期末考了73分，期中考了65分，你怎样称赞？

生：冰冰，好样的，你这一次比上一次进步了8分，相信下一次你会考得更好！

师：放学回到家，妈妈已把饭菜做好，碗筷放好，看到这一切，你怎样称赞？

生：妈，菜真香！

师：（扮演妈妈）多吃点，吃饱了更有精神读书。

师：我认为，在学校里，只有考好成绩，才值得称赞；在社会上，只有当大官，挣大钱，才值得称赞。你们怎么看？

生：在学校里，考好成绩，值得称赞；在社会上，当大官，挣大钱，也值得称赞。但不能只称赞成绩好的和当大官挣大钱的。

师：事实上是这样的啊！作为老师我就只称赞成绩好的。

生：成绩不好的，小提琴拉得好呢？

生：成绩不好的，球打得好呢？

生：有的成绩好的，还不一定称赞老师好呢。

……

怎样"重视情感、态度、价值观的正确导向"？

上文教例通过教学对话，旨在开蒙孩子，称赞每一个劳动者。每一个劳动者在劳作中都有成功的时候，而每个劳动者的成功又都是独一无二的。

小板凳一个比一个做得好，小獾的成功是独一无二的；自食其力采到香喷喷的果子，小刺猬的成功也是独一无二的。

问题是，现实生活中很多人都有一个通病，衡量是否"成功"往往采用一元化的标准：在学校看成绩，进入社会看名利。真正的成功应是多元化的，可以是你创造了新的财富或技术，可以是你为他人带来了快乐，可以是你在工作岗位上得到了别人的信任，也可以是你找到了回归自我、与世无争的生活方式。这些成功都值得称赞。

称赞多元化，你才会觉得：一个小木匠用刨子刨平一块木板时的娴熟与自信，值得称赞；一名网络工程师制作了精彩别致的网页，值得称赞；一位才俊书就了文采四溢的文稿，值得称赞；一个成功人士把酒临风、指点江山、笑谈欲将巍巍昆仑"裁为三截"时的大气与儒雅，值得称赞；一个企业主管与对手谈判时从容镇定的目光，值得称赞；一个男人得志时、失意时宠辱不惊的神态，值得称赞；一个女人作别了孩童时期的盲目、少女时期的浅薄、少妇时期的虚妄，繁花凋尽，唯见本真，值得称赞……

以上的教学案例开示我们，落实核心素养，关键在于课堂操持。而课堂操持，真不是用多么"高大上"的媒体课件就能让一节课高级的，一切浮华在简单又怀有美好旨归的教学对话面前只能黯然失色。

"真对话"取代"伪对话"

什么是"伪对话"？简言之，就是教学过程中有口无心浪费生命的一问一答。"真对话"，就是（教师生命的）1+（学生生命的）1>2≈3（新生命）。新生成的"3"又是下一次对话的"1"，它不但主动反过来一再地介入对话过程，而且还直接启发对话者的思路，使对话者的生命一再获得重生。

"伪对话"，不认为自己"伪"，反以为自己"酷"，教学中非常盛行。

试以《祖父的园子》第一段的教学为例，诊疗"伪对话"——

教师指名读课文第一段：

"我家有一个大花园，这花园里蜜蜂、蝴蝶、蜻蜓、蚂蚱，样样都有。蝴蝶有白蝴蝶、黄蝴蝶。这种蝴蝶小，不太好看。好看的是大红蝴蝶，满身带着金粉。蜻蜓是金的，蚂蚱是绿的。蜜蜂则嗡嗡地飞着，满身绒毛，落到一朵花上，胖乎乎，圆滚滚，就像一个小毛球，停在上面一动不动了。"

然后，开始师问生答的"伪对话"：

"花园里有什么？"

"花园里蜜蜂、蝴蝶、蜻蜓、蚂蚱，样样都有。"

"蝴蝶是什么颜色的？"

"蝴蝶有白蝴蝶、黄蝴蝶。"

"对。什么蝴蝶最好看?"

"好看的是大红蝴蝶,满身带着金粉。"

"大红蝴蝶为什么好看?"

"满身带着金粉。"

"蜻蜓是什么颜色的?蚂蚱呢?"

"蜻蜓是金的,蚂蚱是绿的。"

"蜜蜂怎样飞的?"

"蜜蜂则嗡嗡地飞着。"

"蜜蜂像什么?"

"胖乎乎,圆滚滚,就像一个小毛球。"

  这个教学片段,其问题都是"假问题",其对话则是"伪对话"。为什么?因为"假问题"往往意味着老师有问题,学生无问题。上文案例仅仅六句话,老师却喋喋不休地问了八个问题,遗憾的是学生没有产生一个问题。更滑稽的是,老师所谓的问题只是把文本上的陈述句改为问句而已,这种"连珠炮式"的问题就是一种"假问题"。

  "假问题"势必带来"伪对话"。上文案例一问一答,只不过是文本内容的平移,不需要过脑与思考,没有情趣的激发与思维的碰撞,也没有潜能的开发与智慧的开启,更没有生命的增值与情怀的积淀。

  这种"假问题,伪对话",纯粹是进门喊大嫂——没话找话!除了教学走过场,无端空耗生命,还能干什么呢?还能变戏法,来个狗尾续"假貂"——

  老师问:"课文这段写得美不美?"

  "美!"学生怎么敢说不美,异口同声地配合!

  老师见时机已到,该出手时就出手:"请按照这段话仿写《我们学校有个大花园》,用上其中优美的词语。"

  现在的孩子多聪明,老师一暗示,他们便心有灵犀一点通,有的偷语——直接抄,有的偷意——稍变字句。

这种逼迫学生生搬硬套、拾人牙慧的仿写，哪怕表面上再热闹活跃，实质上因为缺少原创基因，只能被视作"伪仿写"。"伪仿写"一如假发，形态好看，实际上没有生命力，不能天天戴在头上，否则除了有馊味，还会引起头皮发痒。

怎样变"伪对话"为"真对话"，变"伪仿写"为"真写作"？课，由人创，一切取决于怎样以对话的理念创课。譬如，我们不妨让学生自己与文本对话，生成问题，小组合作，探究问题，形成文字。

师：同学们，默读《祖父的园子》第一节，有什么问题吗？

生："我家有一个大花园"，按常规思维接下去应该写花园里有什么花，花什么颜色，香味怎么样。然而，课文却不直接写有哪些花，反而写蜜蜂、蝴蝶、蜻蜓、蚂蚱，这是为什么呢？

师：问题有思考价值！建议你上网查资料，了解蜜蜂、蝴蝶与花之间的关系。（学生迅速查询）

生：花和蜜蜂、蝴蝶密切相关，互相依赖。花为蜜蜂、蝴蝶提供食物，蜜蜂、蝴蝶为花授粉。植物如果长期进行自然授粉，所产生的后代生命力弱，对不良环境和病虫害抵抗力差，有灭绝种族的危险。蜜蜂、蝴蝶在采花过程中可以为植物进行异花授粉，异花授粉的植物所产生的后代具有强大的生命力，对于植物种族的延续能起到积极的作用。

师：谢谢你！你的答案使我们了解了花和蜜蜂、蝴蝶的密切联系。同时也让我们明白了，为什么写蜜蜂、蝴蝶、蜻蜓、蚂蚱这些昆虫。

生：现在的花园里还有蜜蜂吗？

师：共同关心这一问题的，请举手！

生：10个人。

师：建议你们10个人组成小组，请带着问题，同时也带着相机，到花园实地观察一下。明天交流。

（次日。）

生：时值仲春，鲜花盛开，我们小组连续观察了公园的20余种花草。(展示拍摄的各种鲜花的图片，略) 只见花儿孤芳开，不见蜜蜂留恋采。

师：蜜蜂减少或许是个案吧？

生：我们小组上网查过资料，形成了一个"报告"：人们最先在美国发现蜜蜂失踪的现象，一些养蜂者报告说，他们的蜜蜂失踪数量高达95%。如今，美国西海岸的养蜂企业已经损失大约60%的蜜蜂，而东海岸则有70%的蜜蜂消失了。蜜蜂消失现象同样出现在德国、瑞士、西班牙、葡萄牙、意大利和希腊。

师：蜜蜂减少有哪些原因？

生：造成全世界蜜蜂减少的原因很多，其中固然有自然灾害、天敌捕食、病害肆虐等自然因素，但蜂群一般尚能承受，保持总数平衡；人为因素的加入，使蜜蜂不堪忍受，数量大减。种种人为因素包括滥施农药、人造转基因作物、电磁波干扰甚至战争等。譬如，手机和其他高科技装置发出的辐射可能是导致蜜蜂突然消失的原因，因为手机发出的辐射干扰了蜜蜂的导航系统，令它们无法找到回蜂巢的路。

师：蜜蜂失踪对人类有何影响？

生：据说，在人类所利用的1330种作物中，有1000多种需要蜜蜂授粉。如果蜜蜂太少了，人们将告别很多粮棉、油料、瓜果。爱因斯坦曾预言："如果蜜蜂从世界上消失了，人类也将仅仅剩下4年的光阴！"……

看了如上两则案例，我想到了陶行知先生在武汉大学的一次演讲：走上讲台，他不慌不忙地从箱子中拿出一只大公鸡。台下的听众全愣住了，不知陶先生要干什么。陶先生又掏出一把米放在桌上，然后按住公鸡的头，强迫它吃米，可是公鸡只叫不吃。他又掰开公鸡的嘴，把米硬往鸡的嘴里塞，公鸡拼命挣扎，还是不肯吃。陶先生松开手，把鸡放在桌子上，自己退后，公鸡自己就吃了起来。陶行知先生说："我认为，教育就跟喂鸡一样，先生强迫学生去学习，把知识硬灌输给他，他是不情愿学的，即使学也是食而不化。但是如果让他自由地学习，充分地发挥他的主观能动性，那效果一定会好得多！"

上文案例中，学生自己与文本对话，是"真对话"，产生的问题是"真问题"，自己调查研究是"真探究"，自己上网查阅资料是"真主动"，自己撰写报告是"真创作"，就像"被松绑的公鸡"，自己吃，才是真正的吃。这种真正的吃，才能使自己从食物中获取生命的能量与续力。

当然，我们应该看到，走出课堂，回到家里，应该是一个更大的课堂，家长应该是一位更伟大的教师。现实是学生放学回到家，家长常常问的第一句话，从长白山到五指山，从青海到上海，几乎都一样："今天的作业做完了吗？"家长关心的是学校交给的任务完成了没。

犹太人却不一样。孩子回到家，家长问的第一句话是："你今天在学校里向老师提出问题了吗？"如果孩子得意地说，"我今天向老师提出一个问题，老师没回答出来"，家长听了会很得意："相信通过自己的努力，你有办法解决，请大胆尝试！"

孩子一生还有漫漫长路要走，最重要的不是对"伪仿写"之类作业的无穷尽的执著、追逐，而是保持一颗探究与原创的初心与生活对话，与生命对话。生命不息，对话不止！

对话："1+1 大于 2"

何谓对话"1+1 大于 2"？

对话中，我们不妨把甲的对话视作 1，乙的对话视作另外的 1，甲乙对话就是 1+1，这个"1+1"一定大于 2，约等于 3，而 3 又成为下一轮对话的新 1。而新的 1 参与对话，又生成了一个大于 2，约等于 3 的新 1。对话就是这样循环往复，不断迭代……

怎样让对话"1+1 大于 2"？新的 1 很关键。这个新的 1，在我看来，是对话者目前的一种状态，即"不持有"。

"不持有"是什么呢？请看我和 A 君的一段对话——

"如果你有机会去巴黎，别忘了享受与那些努力美着、文艺着、浪漫并独立活着的人'对话'。"上海交大教授高宣扬说，"2017 年 7 月 5 日星期三中午，克里斯蒂娃教授约我一起在巴黎第六区蒙巴纳斯大街 171 号著名餐馆 Closerie des Lilas 共进午餐。"

"对这顿'午餐'，你有怎样的想象？"我问 A 君，"多日不见，他们会谈些什么？"

"作为巴黎第七大学语言学教授，著名心理分析学家的克里斯蒂娃，有身份有地位，又是招待远道而来的中国客人，那还用说，肯定是七个盘子八个碗，洋烟洋酒，歌舞笙箫一片……"A 君说，"他们一定会谈近期的收获，比如有没有当上校长，炒了几套房，买了哪支股，换了什么车……"

一切都没有我们想象的那么势利，午餐很简单，就像坐在自家客厅，一杯茶，一块蛋糕……除了观赏大街中央花园的喷水池，聆听树上各种小鸟的歌声，就是听克里斯蒂娃教授谈她的最新著作《我的游历生活》。

……

克里斯蒂娃与高宣扬在对话，我和 A 君与他们的"对话"在对话。

如果说，克里斯蒂娃是 1，高宣扬是 1，克里斯蒂娃与高宣扬对话就是 1+1，这个"1+1"一定大于 2，约等于 3，而 3 就是新的 1。

新的 1，与我和 A 君的 1 对话，又生成了一个大于 2，约等于 3 的新 1。这个新的 1，在我看来，就是我和 A 君目前应该有的一种状态——"不持有"。

只有"不持有"，才能看清每件事物对人的意义。只有"不持有"，才不会被欲望束缚。

怀揣"不持有"，2017 年 7 月 4 日，我在河南鄢陵中小学教师培训观摩活动中，把《在乎，不在乎》的创课嫁给了在场 1500 多双眼睛——

课始，我与孩子们对话：

"昨天上午原定 13：40 深圳飞郑州的航班被取消，因为雷暴……中午 12：00，乘高铁，中转广州，到许昌，晚上 10：00 才赶到鄢陵。就在前天，我还突然晕倒了……生病了，航班取消了，至少可以找到两个充足的理由，不来这里。然而，我还是如约而至。我，在乎什么？不在乎什么？"

孩子们说——

"你在乎给我们上课，不在乎自己的身体。"

"我这样做好吗？"

"好！"

"我不在乎自己的身体好吗？"

"不好！"

……

"你们发现'好'的后面跟着……"

"'好'的后面跟着'不好'。"

"同样,每个'在乎'的后面都会跟着一个……"

"每个'在乎'的后面,都会跟着一个'不在乎'。"

……

"于是,你有了新发现——"

"我发现,每个'好'的后面都有一个'不好';每个'在乎'的后面都有一个'不在乎'。"

……

　　我与孩子们的对话也好,克里斯蒂娃与高宣扬的对话也罢,任何人任何一次的对话都有新创造的地位和意义,从时间上看,对话只属于瞬间存在,它现在是这种对话,它现在已不是这种对话。所以,对话艺术就是"不持有"。

　　首先,"不持有"意味着不固守昨天的旧观念。如果,昨天还以为在语文课上孩子不能学哲学,今天我与学生的现场对话就解构了你昨天的观念。一如和"克里斯蒂娃与高宣扬的对话"对话,在解构每一个观念的同时,意味着另一个观念的建构。多一些灵魂神游,多与高尚的陌生精神对话,更多生成"1+1>2≈3"的新观念,从这一角度来看,"不持有",便是"持有"。

　　其次,"不持有"意味着不给"假对话"添砖加瓦。"真对话",应该真正成为教育的真理。于我,于孩子,我与孩子的对话,都是一种真的对话生活——一种无所隐藏的对话生活,一种没有混杂与分裂的对话生活,一种完全摆脱了因功利动摇、变化与变质的对话生活。这种真的对话生活,是神谕的对话生活、诗意的对话生活、唯美的对话生活、幸福的对话生活。

最后,"不持有"意味着对游离真善美的对话教学不抱怨,不解释,不悲观,不绝望。假如站在讲台上的时候应付不了应试教育,就应该用一只手挡开点笼罩着命运的绝望,同时,用另一只手,记下自己在应试教育废墟中看到的一切。总之,要好好对话,用心地对话,对话到有一天,上苍把欠与孩子对话的梦都还给孩子!

让儿童成为儿童

儿童是我课堂教学的一件圣物。教学中,我怀揣着一颗朝圣儿童的心,与儿童对话,让儿童成为儿童,让儿童成为老师,让老师成为儿童。

一、让儿童成为儿童

《修得一颗柔软心》的公开课上,读罢《摸鱼儿·雁丘词》,我相机创设情境——

"一派考官认为,元好问答题偏离'四书经义',太过'儿女情长',不予录取;另一派考官则认为才子多情,元好问才情并茂,当予录取。现在你是主考官,请写出终审裁决。"

五分钟的奋笔疾书之后,大家自告奋勇分享自己的"仲裁"——

"元好问仁慈心善,对待弱小的大雁尚且充满悲悯之心,想必待人会珍爱有加。这样德才兼备的人不用,用谁?"一位女生的反诘赢得满堂喝彩。

"我决定不予录取元好问。"一位男孩倏地起立,相左陈辞,"因为在古代人眼里,读书就是为了做官。做什么诗人,要什么情义,谈什么儿女情长。这是一个16岁的应考少年应该做的事情吗?这完全偏离了'四书经义'……"

"你想做官?"我问他。

"想!"

"做什么官?"

"市长!"

"你能做什么呢?"

"发明东西、起草文件、搞绿化建设。"

"绿化搞好了,污染减少了,呼吸环保了,健康有保障了。这里面有没有情?"

"有!"

……

"如果你是我爸",我佯装请求,"老爸,给我一笔钱我要出国留学。"

"没有!"男孩子很干脆,"在我们这里把书念好就行了。"

……

那时,那刻,我真的很感动,感动于在枣庄的课堂里遇到这样一位"00后"的孩子。

感动并不是因为我有力量,我已完善,因而站在这样的教学高度俯视孩子,恰恰相反,我要躬下身来,虔诚谛听孩子的天使之声。因为我的境遇受到限制,受限制与我已经获得的规定密不可分,因而只能从受限制的这个地方出发仰视孩子所具有的无限可规定性,仰视他的纯真无邪。

感动令我醍醐灌顶——在孩子身上表现出的是天资和可规定性,在我身上表现出的是完成,而完成总是远远落后在天资和可规定性后面。因此,对我来说,孩子是理想的体现,当然,不是已经完成的理想,而是被放弃的理想。这也就是说,让我感动的不是对孩子需要帮助和受到种种限制的想象,而是对其纯洁的自由的力量的想象,对其完美无瑕的想象,对其前途无量的想象。

感动可以生发在每个教育人身上,只要你让儿童成为用自己的眼看、用自己的心想、用自己的手写、用自己的嘴说的儿童,成为独一无二、不可重复的儿童,成为与你在自我的唯一性、独特性价值上平等的儿童。

二、让儿童成为老师

"会唱昆曲吗?"江苏省昆山市的一节公开课上,和学生初见,我躬身探问一名坐在前排的女学生。

"会的。"她启丹唇,吐幽兰,黄莺出谷,婉转悠扬——

"单纯、本色、闲适、空灵"的童腔童韵,并不逊于"行腔婉转、念白儒雅、表演细腻"的专业范儿,我朝他竖起大拇指。

那一刻,我倏然有悟:

伫立我面前的这个孩子,仅仅只是在演唱一首昆曲?不,她是在做我的唤醒老师——以昆曲隐喻——入心的教育之路山高水长,要慢慢地走,不能行得匆匆、太匆匆,要像"百戏之祖"昆曲那样以闲庭信步的琴心雅音熨帖人的灵魂。

君不见,轿车、高铁、飞机,QQ、微信、互联网……普遍的匆忙和越来越快的生活节奏,使得一切悠闲和单纯渐行渐远,整个文化被连根拔起。那种匆忙,那种令人不得喘息的分秒必争,那种不等成熟便采摘一切果实的急躁,那种你追我赶的激烈竞争,在人们的脸上已经刻下了深沟……

红尘滚滚、功利喧嚣,最该静谧的校园,最该潜心的课堂,竟也按捺不住寂寞,在狼奔豕突中心怀鬼胎地向前猛冲,灵魂被远远地落在了身后……

匆忙的根源,在于信仰的丧失,当一切都被金钱拖着走的时候,那种充满焦虑的期待和贪婪的攫取便引发了灵魂中的全部卑鄙和私欲。

用"肉耳"听,不,用"心耳"听,孩子演绎的昆曲不正是一种柔慢的艺术?教育不也是一种慢的艺术?一个人不论从艺术的哪扇门进入,只要到了高峰,与其他艺术必有相通之处,因为所有的艺术在山麓分手,都在山巅会合。会合的前提是要有清新、纯净的"富氧",因为艺术需要深度"呼吸"。

三、让老师成为儿童

有人说，老师成为儿童，比骆驼穿过针眼还难。一经穿过针眼，老师就进入了天国。但是没有人能代替你，除你自己"穿越"外，没有人能这么做。

一次，在杭州的公开课上，我一如既往地以"处女课""穿越针眼"，萃取两段视频，放飞学生快乐习作之梦——

视频一是《小鸭妈妈教小鸭子上台阶》：鸭妈妈在台阶上耐心等待一群小鸭子上台阶，它完全放手，让孩子们反复尝试。一次，两次，三次……一阶，两阶，三阶……跌落，爬起，攀爬，再跌落，再爬起，再攀爬……一只，两只，三只……只只都不怕摔落，只只都努力向上，只只都攀登不已，只只都在跌爬滚摔中登上了最高台阶……

视频二是《小丫妈妈教小丫背乘法口诀》：小丫妈妈一遍又一遍地教，小丫一遍又一遍地背。小丫妈妈教得口干舌燥，小丫背得不厌其烦。"三五一十五"，丫妈妈愈是让小丫死记硬背，小丫愈是声泪俱下——"三五三十五"……

两段视频让孩子们捧腹大笑，捧腹之余，孩子们直抒胸臆、用笔说"梦"——

一位女孩写道："如果我做妈妈，就做鸭妈妈。因为，它用事实告诉小鸭子，生活就会遇到一个一个台阶，遇到台阶就要自己爬。哪怕跌落 N 次，也要 N+1 次地往上爬。当你不知道这些台阶把你引向何方的时候，你已经攀登得比任何时候都高了。虽然鸭妈妈没有上过师范大学，但是它懂教育。"

现场一阵热烈的掌声。因为懂梦的人都能读懂孩子的梦。

一个男生信誓旦旦地读道："我做国家主席就做好两件事，一是管好官，二是教好妈。管好官，人民幸福，国家有希望；教好妈，孩子幸福，民族有希望。"

现场又是一阵热烈的掌声。掌声是对梦的认同与礼赞。

……

分享视频,孩子们看得快乐,我快乐;自由表达,孩子们写得快乐,我快乐。

"如果我做妈妈,就做鸭妈妈","我做国家主席就做好两件事",孩子们梦得快乐,我快乐。

快乐着孩子们的快乐;梦想着孩子们的梦想。

快乐与梦想,缺一不成为童年。千万人从未有过童年,而只有过六岁。

浸润在"快乐与梦想"里,逆光回溯,我在享受一个个童年——

慈爱的父母给了我第一个童年;

美满的婚姻给了我第二个童年;

孝顺的子女给了我第三个童年;

可爱的学生给了我第四个童年。

身和心一起蹲下

对话，要蹲下，身和心一起蹲下。身心蹲下与孩子对话，孩子就成了你心中的明月。明月照亮了课堂，课堂美成了天堂。

《修得一颗柔软心》，是2016年3月"全国创新作文大赛指导教师培训"活动中的一堂创课。

一、身子蹲下，开启对话

"有位诗人说，妈妈是宝宝与天使的第一次相遇。有一只'萌萌哒'的猴宝宝，刚刚出生。看——（投影一只毛茸茸猴宝宝，如左图所示。）"

学生盯住看猴宝宝，满脸的喜爱之情。

"猴宝宝瞪大黑葡萄似的眼睛，张着小口，告诉我们：它渴望遇到'天使'（妈妈）啊！有人给它请来了两位'代妈妈'。（投影，如右图所示。）一个钢丝妈妈，怀揣一只奶瓶；一个毛巾妈妈，身上没有奶瓶。"

"你猜它会选哪一个妈妈?"我相机引导,"请同学们用笔说话——我认为猴宝宝会选择____妈妈,因为_____。"

学生们的思路一下子打开了,有的认为猴宝宝会选择钢丝妈妈,因为有奶就是娘;有的认为猴宝宝会选择毛巾妈妈,因为毛巾妈妈柔软,小猴子会感到温暖;有的认为猴宝宝会选择毛巾妈妈,因为毛巾妈妈与钢丝妈妈相比更柔软,柔软就是天使,又因为"妈妈是宝宝与天使的第一次相遇",猴宝宝不选择毛巾妈妈还会选择谁呢?

这时,我让实验揭开谜底。(播放视频:一天的时间里,小猴子和毛巾妈妈待在一起的时间超过22小时,和钢丝妈妈待在一起的时间少过1小时。)实验表明:一只小猴,除了吃奶的生理需求外,还有一种更重要的需求——接触柔软。当学生看得津津有味的时候,我相机渗透:从提出假设(小猴子更喜欢和哪个妈妈待在一起),到实验研究,再到得出结论(小猴子更喜欢和毛巾妈妈待在一起,它喜欢接触柔软),这是科学的逻辑思维。

二、再次蹲下,诗意对话

"柔软,是一种生命的需求。何止是猴,人,也一样需要柔软。"我蹲在孩子的旁边,递上话筒,引领对话,"最美的花瓣是柔软的,最绿的草原是柔软的,最广阔的海洋是柔软的,最无边的天空是柔软的,最自由的白云是柔软的,最_____是柔软的。"

学生的想象被激活了——"最雪白的棉花是柔软的";"最飘逸的秀发是柔软的";"最新鲜的空气是柔软的";"最无私的母爱是柔软的";"最有魅力的孙老师是柔软的"……

这时候,我用诗意唤醒学生的诗意:"在孙老师看来,最珍贵的柔软,莫过于心柔软,它比花瓣更美,它比草原——"

"更绿!"

"它比海洋——"

"更广阔!"

"它比天空——"

"更无边!"

"它比白云——"

"更自由!"

我总结说:"唯心柔软,才能悲悯;唯心柔软,才能包容;唯心柔软,才能精致;唯心柔软,才能超拔。"

我蹲下来与学生诗意对话,一方面与学生借助于语言文字进行沟通和交流,另一方面我们又从彼此可见的脸部表情、眼神以及手势动作等细节,体验到情绪波动,达到单纯的语言文字交流所无法达到的深度,达到无形而又触及灵魂的心灵交汇的程度,并由此萌生出许多新的情感,远远地超出对话者自身所预想的结果,真正达成双方精神的超越。

三、身心俱蹲,生命对话

"怎样修得一颗柔软心?"我说,"让我们分享一个故事吧——古时候在藏地,牛皮做成皮鞋之前,必须用酥油来打磨,把牛皮磨得非常柔软。这样,哪怕以后接触到水,牛皮也不会损毁。故事开示我们——如果说酥油好比'法水',牛皮就像我们的心,要不断地用'法水'来洗涤我们的心,心才会变得越来越柔软。洗心的'法水',无处不在。听!(播放《鸿雁》开头两句:'鸿雁,天空上,对对排成行……')看!(播放视频:公元1205年的一天,一个16岁的少年在应试途中,遇见了一个捕雁的人,一只雁已经死了,另一只死里逃生,却一直在天空中悲鸣盘旋,久久不肯离去,后来竟然从天空中俯冲下来,撞地而死。少年甚为震惊与感动,出钱买下了这两只大雁,把它们埋葬在汾水边上,垒石为碑,并刻字曰:'雁丘'。)"

视频观看之后,我们展开生命对话:

师：一只大雁被猎杀之后，另一只大雁在空中悲鸣盘旋，久久不肯离去……我似乎听到那只死里逃生的大雁在天空中悲鸣，它在说——

生：我的夫啊，你为什么落入了猎人的魔掌之中，就这样弃我而去。

师：我仿佛看到那只逃生的大雁在头顶上盘旋，它在想——

生：既然丈夫已经离我而去，我留在世上还有什么意义。生不能同日，死可以一起。于是，它俯冲直下，撞地而死。

……

师：一只大雁被猎杀，另一只撞地殉情。一个16岁的应试少年，路遇此事，买雁、葬雁、写雁——（播放视频：回家以后，情之所至，写下了感动千古的《摸鱼儿·雁丘词》："问世间，情为何物，直教生死相许？天南地北双飞客，老翅几回寒暑。欢乐趣，离别苦，就中更有痴儿女。君应有语：渺万里层云，千山暮雪，只影向谁去？横汾路，寂寞当年箫鼓，荒烟依旧平楚。招魂楚些何嗟及，山鬼暗啼风雨。天也妒，未信与，莺儿燕子俱黄土。千秋万古，为留待骚人，狂歌痛饮，来访雁丘处。"）

（学生目不转睛观看。）

师：读罢《摸鱼儿·雁丘词》，一派考官认为：情人多才，才子多情。情以文生，文以情成。元好问才情并茂，当以录取。另一派考官认为：元好问"儿女情长"，答题偏离了"四书经义"，不予录取。现在你是主考官，请拿出终审意见：_____。

（一个个"主考官"忙得不亦乐乎。）

师：请主考官们陈词——

生：元好问应当被录取。一是，他有才，《摸鱼儿·雁丘词》堪称一等文章；二是，他有情，同情关爱弱小的大雁；三是，他有义，买雁、葬雁。虽然，他这次考试偏离了"四书经义"，但是其文笔功力深厚，是个可塑之才，只要以后稍加培训即可。

师：慧眼识珠！

生：元好问应当被录取，因为他才情并茂。其才，《摸鱼儿·雁丘词》可证；其情，表现在同情弱小的大雁上。社会上，难道不是弱势群体居多吗？眼睛向下，关注弱者，如此的同情心，就是柔软心。有柔软心，才能赢得广大的民心，民心所向的人不录取，还录取谁呢？（掌声）

师：你的心中有一杆公平的秤！为这位优秀的主考官点赞！

生：买雁、葬雁、写雁，那"问世间，情为何物，直教生死相许"的一问，软化了所有磐石般的心肠，可谓有情有智，当予录取！

生：我认为元好问不应当录取。考题是"四书经义"，而不是"才情诗词"，更不是"儿女情长""豆腐心肠"。再说，如此之人，往往容易感情用事，实不适做官啊！

师：对这样的主考官，你怎么看？

生：这个主考官，才是感情用事之人。你看他的结语，用了一个"啊"字，后面还加了一个大大的叹号！这才是感情用事！（掌声）

师：善品啊！一字未宜忽，语语悟其神！

生：元好问应该被录取，因为成为一个真正有用的人才，就该高情商，高智商。究竟是《摸鱼儿·雁丘词》"离经背道"，还是"四书经义"有待发展，这考的是主考官的智商。大家说，是不是？

生：（齐声）是！

师：天若有情天亦老，一转眼，八百年过去了，反观当初元好问有没有被录取，已不再重要了。重要的是他留下的"问世间，情为何物，直教生死相许"的天问。"及第"一时荣，文章千古秀。一曲《摸鱼儿·雁丘词》，将大雁的精神化为可以破解的哲学意义——

大雁以最美的死亡方式，透过语言的褶皱，消失在了浩如烟海的文字宝库之中，从而实现了自身生命的历史总体化与永恒化。其"雁"虽已没——

生：千载有余情。

怀着一颗柔软心，引领学生与《摸鱼儿·雁丘词》对话，那殉情的雁，那"演绎的考官"，那在生命过程中所发生的一切，经由师生生命对话，既在可见的时空结构中穿行，又可以在"超时空"的不可见领域中激荡。属于精神生命的爱情，固然要在可见的、占有时空结构的肉体中存在，但更重要的是，爱情不可避免地要在肉体以外的"非时空"与"超时空"的精神和心灵领域中显示出来，并在那里留存和延续下来。

身心不仅可以蹲在人们喜爱的大雁面前，也可蹲在令人讨厌的蟑螂面前。

我播放了一个配乐PPT：《一只蟑螂死在美国的大学教学楼里》——

一天，美国德克萨斯州一个大学的教授在脸书（Facebook）上发了个帖，说在学校教学楼某楼梯处有一只死了的蟑螂，在那里已经有两个星期了。事情是这样的——

2015年12月4号，一只死蟑螂身边，不知道是谁给它用纸做了个墓碑，写着"安息吧，蟑螂"……上面写着蟑螂的名字叫Rosie……

晚些时候，蟑螂的旁边出现了一束花……还有创可贴和夹子……当天蟑螂身边的东西逐渐多了起来……有硬币，石头，玫瑰花，香烟，棒棒糖，纸条，巧克力……

第二天，这只蟑螂居然没被扫掉！旁边还多了各种汽水瓶盖、糖果等。最牛的是，有人给蟑螂做了一个棺材，旁边还点上了蜡烛……

12月8日……已经过了好几天，各种印着教皇、耶稣、圣母的蜡烛及玩具熊出现在它身旁……

墙上的纸条写着："Rosie，你每天早上都在那里跟我们打招呼，我们会一直思念你。"

12月14日有一个纪念Rosie的追悼会，且有食物和饮料供应。

12月16号，墙上贴满了大家送给它的诗歌，其中有一句是："这里躺着的是Rosie，一只自由的蟑螂。"

离别的时刻终于还是到了，12月18日，在所有人的参与下，它被隆重地火化了……

它赤裸裸地来，带着满身荣誉离开。

"从这个PPT中，你都读到了什么？"我与孩子对话。学生说：

"蟑螂，活的时候，人见人烦，到处能看到卖蟑螂药的，人们巴不得它们死光光，哪有情趣悼念它们。天下之大，无奇不有，这所大学去悼念一只死去的蟑螂，为什么呢？为了博取眼球？为了哗众取宠？为了提高大学的知名度？"

"一只蟑螂死在了美国的大学教学楼里，一位好事者给它立了一个墓碑，一群人为它捐款、捐物，造棺材，写悼词，举行葬礼，以人的礼遇对待一只卑微的蟑螂。所有的生命，在追思人的眼里都是等同的。'小强'，满载荣誉而归，死得荣光！"

"万物都有生命，蟑螂也是一条命。追悼一只蟑螂，就是敬畏与哀悼一条曾经来到这个世界上走一遭的生命。在这场追悼会上，大学生们送上了'硬币，石头，玫瑰花，香烟，棒棒糖，纸条，巧克力……'，表达了共同的哀思。"

"真正的大学是拿毕业证的地方，更是有故事的地方，让人向往的地方。我想去美国读大学！"

"我想问，蟑螂的葬礼，这样的故事在清华大学发生过吗？"

上文的生命对话，意味着生命全靠其自身的内在意向性而审美地生存于世。也就是说，生命以自身内在成长的生存意向性为动力基础。生命不需要靠它之外的异质力量，也不需要它之外的"他物"作为其生存的基础。生命可以自我确立、自我给予、自我生产、自我观察、自我组织、自我创建、自我更新、自我参照和自我付出。

蟑螂的葬礼，引发我们思考：蟑螂同人一样，也是生命，都是匆匆过客。举行葬礼是一种符号，遭遇死亡是一种艺术。它唤醒人们在审美中看待死亡——生是偶然，死是必然。每个人都不可避免地要在一生中同死亡遭遇。死亡是生命的一部分；生命也是死亡的一部分。蟑螂的葬礼教会人们在直面死亡中审美——"以宇宙万物为友，以人间哀乐为怀"。记得，苏东坡有首五言诗："钩帘归乳燕，穴窠出痴蝇。爱鼠常留饭，怜蛾不点灯。"每一个小小的善举背后都藏着一颗柔软心。

燕子、苍蝇、老鼠、飞蛾、大雁、蟑螂……天下众生与我们一体同生，我们要用慈悲心善待众生。有了慈悲心，才有柔软心；有了柔软心，才开柔软花。这样我们才会谛听到——日落月升也有呼吸，虫蚁鸟兽也有悲欢，风里云里也有远方的消息，无声里也有千言万语……

在捕雁人眼里，没有生命，只有猎物；在元好问眼里，没有猎物，只有生命。在粗鄙者眼里，只有蟑螂死亡，没有生命哀思；在博爱者眼里，只要生命消逝，就要寄托哀思。柔软心，就是善心。最大的善，就是最大的美。美，不仅能够恒久长存，而且能够包容一切、博爱一切、涵摄一切，能够以高远的智慧、宽阔的胸怀、深邃的力量与恶抗衡，使得世界存有希望，使得生活充满光明！

学生给老师上课

老师给学生上课是一种常态，学生给老师上课是一种姿态。这种姿态折射出一种震撼美。试以《关于月亮的神话、古诗、童话串串烧》的创课为例，观其美。

一、震撼美之一："你是一阵风"

在哲人福柯看来，人生是在美的历程中度过的，生活的最高目的，就是寻求和创造生存世界中不断变换的美。

在我看来，对话教学既是一种人生，也是一种生活，其鹄的就是不断追求并创造教学生活之美。

对话教学之美，是在不断变动的游戏式对话中形成的；但是对话的流变性，丝毫都不意味着对话本身的任意性和纯粹杜撰性，而是要设法使对话得到提升，让对话在其提升中，实现自身精神生命内涵的丰富化，追求精神愉悦和审美情趣的完满与攀升。

2015年年末，我应邀到江西赣州举办的一次传统文化教育论坛上创课——《关于月亮的神话、古诗、童话串串烧》。一如从前，还是原生态的首创首上。第一眼看到借班上课的孩子们，我发现他们诚如其校长所言，"很乖"，乖得像一幅"潭面无风镜未磨"的画。

走进"画"里，课感怂恿我"吹皱一潭静水"——让孩子们直呼"孙建锋"。

一呼"孙建锋",一位男生"夸"我"平易近人";

再呼"建锋",一位女生昵称我为"哥哥";

又呼"锋",一位男生快语"你是一阵风"。

"我是一阵风,一阵春风,春风她吻上你的脸,告诉你处处是春天;我是一阵风,一阵春风,春风已绿你心田……"

"三呼"过后,室内已是笑语盈盈、两情融融……

"孙建锋"——"建锋"——"锋"——"潭面来风涟漪生"。

"怂恿"学生直呼"孙建锋",对我而言是一种"经验"——以前上课曾经用过,文章中也曾写过。但教学实践告诉我,经验不应当成为个人教学历史的尸体,而应当成为待产过程中的创造本身。换句话说,经验要从传统的被动沉积形态,变成主动的开拓行为。从这个意义上来看,这正是学生给我上的震撼一课——每一次的教学行为都要使经验成为"拔出自我"的再生动力。诚然,这也是创造教学生活之美的不二法门与不竭动力。

故此,我不断地变换自己的"主体性",通过对话不断地将主体从传统师道尊严的自身中连根拔起,以使自己不再是传统意义上"神圣不可冒犯"的"师皇"化身,使自身置于自我虚无化和自我解体过程中,实现了一种他自身——"平易近人""哥哥""一阵风"——的不断变动和更新。

二、震撼美之二:"哥哥孙建锋"

梅洛·庞蒂认为文化现象中最重要的是语言,语言首先产生在对话中。

"师与生、生与生、生与文本",任何二元之间的对话关系都会产生"真三"的最高境界,而语言正是实现二元向三元转化的决定性因素。

《关于月亮的神话、古诗、童话串串烧》,是将有关月亮 A 面的神话《嫦娥奔月》、月亮 B 面的古诗《嫦娥》、月亮 C 面的"美版"童话《月神》,以及月亮 D 面的"英版"故事《月上圣诞老人》组合在一起而创生的一节语文学科综合性学习的公开课。

这节集"自思想、自教材、自设计、自教学、自反思、自发表"为一体的创造性公开课,其本身就是一种教学艺术的"第三元","是物我之间的超出物",它以"和"而接纳万物,旨在东方传统文化与西方现代文化的对话中创造出万千之美,达到文化融合的美妙境界。这种"生于二而超于二"的"第三元"揭示了"只有对话关系才能滋生出最高境界"的教学真谛。

课行中,当学生与月亮 A、B、C、D 面的故事对话之后,我相机唤醒——

"最美的故事乃是月亮 E 面的传奇,你们想看吗?"

"想!"

"'千江有水千江月',月亮 E 面的传奇就在你的心里。请放飞想象,超越'中外',开创月亮 E 面的传奇。"略思片刻,孩子们便争先恐后与大家分享他们打造的"月亮 E 面的传奇":

——《把自己射向月球》:有个小女孩,她梦想到月球上去。于是,她就自己制造了一把弓箭,把自己射向了月球……

【师:超级震撼,"把自己射向月球"。把题目写到黑板上。你不仅把自己射向了月球,也把自己的未来射向了北大、哈佛……(笑声)】

——《嫦娥回来啦》:寂寞的嫦娥,在月球上,利用桂花树制造了一个飞行器,带着小白兔一起飞回了地球……后羿还在等着她吃饭呢,饭桌上的饭菜,已经热了好多遍了……

【师:温馨!人圆,梦圆,心圆……团团圆圆……】

——《我是哈佛男》:有个哈佛男,勤工俭学、省吃俭用,创造了一艘航母。他的航母就像今天的出租车一样,能够载客登月。航母造好以后,他请他的家人、同学、老师一起飞往月球,并且是免费之旅。只要他的航母在月球一着陆,地球上所有的航母以及核武都会自动解除"武装",失去进攻作战的能力,因为他的航母有一种磁场,可以锁定所有毁灭性武器的按钮,没有任何人可以打开……这个哈佛男,就站在你的面前。

【师:一切皆有可能。人,就是最大的可能。加油,哈佛男!】

——《哥哥孙建锋》:有个小女孩非常喜欢演讲,遗憾的是地球上没有人喜欢听……

【师:(走到最后一排问一位男生她说的什么,男生说,她说有个小女孩非常喜欢演讲,遗憾的是地球上没有人喜欢听……)在听着呢!无论哪个角落的人都在听着呢!请继续……】

一天,她搬来一把天梯,爬上了月球去演讲。

【师:演讲现在开始……小女孩身边——】

小女孩的身边站着她的哥哥。

【师:她的哥哥——】

孙建锋。(笑声)

孙建锋十分专注地听她演讲……

【师:孙建锋喜欢听天籁之音。】

小女孩觉得孙建锋是她的知心哥哥,是她真正的知音。

……

【师:千古知音"不"难觅,他就站在你身旁。请把故事的名字《哥哥孙建锋》写到黑板上。】

或许分享的"故事"文本都是假的,但故事带给我以及在场听课老师的"震撼"却是真的。

这种震撼源自"对话",一种在绝对自由状况下展开的"主际对话",它所产生的"三"永远高于"二"。

这正是自编教材《关于月亮的神话、古诗、童话串串烧》的教育初衷——将"三元"命题悬为高标,跳出一元与同质文化的窠臼,加强中西异质文化之间的对话与交流,因为"异文化是得救的保障,是人类回归自身的保障"(霍甫曼萨语)。

一种文化愈自信,愈开放;愈开放,愈伟大。

一种教学愈开放,愈对话;愈对话,愈超越。

法国有个谚语,说如果蛹只知道照镜子,永远不能成为蝴蝶。拘泥于传统、食古不化的文化与教学,永远跳不出"蛹照镜子"的怪圈。

上文教例揭示:孩子们蛹化成蝶,精神生命得以提升与超越,是通过不断地交流对话实现的。对话前,彼此好的东西各自藏着;对话后,彼此好的东西不但呈现出来,而且发生了质变。

一如"哥哥孙建锋",就是一种令人震撼的对话"质变"。它的震撼意义开示——对话,不是言说者的单边存在,而是言说与倾听的同在。倾听也是一种言说。没有倾听的言说和没有言说的倾听同样是荒诞的。

相对于我们的课堂不稀缺教师的言说而言,我们的孩子更渴望教师的倾听。"哥哥孙建锋"就是学生对倾听回归的最萌点赞,也是对倾听缺席的诗意批判。

倾听是老老实实的活儿,来不得半点虚假和做作。倾听是对真诚直截了当的考验。所以,如果教师伪倾听,就不单是虚伪了,而且愚蠢。

倾听着是美丽的。如果教师能够真诚地蹲下身来,目光清澄地注视着孩子,抛弃唯我独尊的傲慢和道貌岸然的虚荣,那么就能谛听到孩子们五彩缤纷的世界里,有日落月升的呼吸,有虫蚁鸟兽的欢歌,有风里云里的消息,有无声里的千言万语……还有心与心碰撞的清脆音响,宛若风铃。

三、震撼美之三:"跳起抢话筒"

现代人越来越把自己的思想纳入法则和规则,以及各种固定的方法之中,我们的教学也不例外。高喊"课改",而不"改课",即便"改课",亦鲜见"改心"。"改心",就是要有新的教学思考艺术,借用福柯的哲学术语来说就是"成问题化"。

"成问题化"的目的，就是要颠覆传统的教学思维模式，其策略有三：

一是"在外面思考"。真正的思想"在外面"，它来自外面，向内折返，又回到外面。基于此，"自思想、自教材、自设计、自教学、自反思、自发表"的创课——《关于月亮的神话、古诗、童话串串烧》力主体现的是"在外面思考"的基本精神，就是在传统的教学之外进行自由思考，在"主体性"之外进行自由创造，在生命的边界进行创生教学。

二是"在语言游戏中思考"。就是通过语言进行思考，在语言的游戏中进行思考。在《关于月亮的神话、古诗、童话串串烧》教学中，看了月亮A面的神话《嫦娥奔月》，嫦娥抵达了永恒的彼岸世界，生命摆脱了一切外在形式的束缚，似乎可以享受长生不老了。但是，她却孤独寂寞，终日依着桂树，看着小白兔捣药……学生问："是不是嫦娥跑得太快了，心没有跟上，落在了人间？"是的，嫦娥的身心是有裂缝的。

"嫦娥应悔偷灵药"，当我们吟咏着李商隐感天动地而又气韵悠长的千年嗟叹，一味地沉浸在"碧海青天夜夜心"的无尽追悔之中时，孩子们却说，月亮C面的"美版"童话好玩，月亮D面的"英版"故事养眼。实然，不同文化之间也是有裂缝的。

"互联网+"时代，没有"鸵鸟"可做，我们"在语言游戏中思考"，则意味着在寻找新思想活动的裂缝和可能性中教学，这是必然。

三是"自身决定游戏规则"。教学不应该把自己埋葬在自挖的坑里，而应该使自身成为游戏者，并由自己决定游戏规则。

上文教例中，有一个"请学生分享月亮E面传奇"的教学环节。起先，站在前台的六个学生有点拘谨。"谁先得到话筒谁先讲"，我把话筒一举。大家一拥而上，跳起来抢话筒。我顺势蹲下来，他们赶快俯下，我又迅速起身，他们又如浪花跃起……

"起伏"之中生成的"跳起抢话筒"游戏，不光是表面上调动了学生的参与度而引起了观者的兴奋度，更重要的是它留给了我深层的思想震撼——

话筒，物理意义是传声，象征意义是"发声"。

孩子们表面上是"跳起抢话筒"，实质上是"抢自己的话语权"，是在抢着"发出自己的声音"。

一个能够"发出自己声音"的人才是真正意义上满全的人，一个勇于"发出自己声音"的人才是有穿透魅力的人。他的魅力源于自信、独立和赋有思考的力量。

"发出自己的声音"——言论自由——是《宪法》赋予每个人的权利。

"跳起抢话筒"，是在行使自己的人权，行走在言论自由的路上。

自由在哪里，人就在哪里；自由在课堂，学生就真正站在了课中央！

当然，"自由"不是一个事实，而是一个设定；"自由"不是自然赋予人类的礼物，而是人类为自己设定的最为艰巨的任务。同样，在对话教学中，"人"并不是一个事实，而是一个设定，不是一个生物存在，而是一个优秀的理念和一个很高的生命艺术圣境。

如果说《关于月亮的神话、古诗、童话串串烧》中的对话，所折射的学生给老师上课有一种震撼美，那是因为笔者把每个学生都当作有着独立思想和性格的个体来尊重和对待，用爱去抚养不成熟的灵魂，用心循循善诱地对话，引导他们找到生活的信心和乐趣。

营造对话的仪式感

对话教学中，怎样关注学生，聆听学生，营造对话的仪式感呢？

一、为学生营海造天

"鱼戏莲叶东——鱼戏莲叶西——鱼戏莲叶南——鱼戏莲叶北。"老师动令一下，某校一年级 50 多名刚入学的孩子，倒背小手，摇头晃脑，使着吃奶的劲儿，脖子上的青筋一凸一凸地、声灌满堂地唱读。开学第一课，第一读，真给力！

可是，我身旁坐着的一位羊角辫小女孩儿却一直丹唇未启，执意不参与大帮哄。

"你怎么不读呢？"我有些好奇。

"这样不好玩！"她言之凿凿、毫不掩饰，"一点儿也不好玩！"

"怎么啦？"

"背着手，我怎么游？"

"鱼游是不用手的呀！"

"那么多人，我往哪里游？"

"你把自己当鱼了？"

"但我是一条不快乐的鱼！"

"为什么？"

"想往哪里游就往哪里游的鱼才是快乐的鱼！"

"你的意思是……?"

"教室像个鱼缸太小了,最好先放我到操场游一圈,再放我到大海游一圈,然后放我到天空游一圈……"

显然,羊角辫小女孩儿在心里把自己读成了一尾鱼。这尾鱼渴望从"鱼缸"游进大海,游向天空,那样才能游得更深、更远、更高、更欢。每一堂课,每一处细节,我们都应该为学生营海造天。

二、跟学生说声"对不起"

学了《云房子》,拓展练习要求孩子用"天上的云朵像_____"说话。

前排中间有个男孩子迅速反应:"天上的云朵像柔软的棉花,像妈妈发好的白面。我想光了腚,躺到里面去……"

他话音未落,全班哄笑。

老师白了那个孩子一眼:"我想躺在里面就够了!"

"不爽!"孩子既俏皮又较真儿,"光了腚,才能和柔软的棉花亲密接触,才能成为白面里真正的'夹心儿',那才叫爽歪歪……"

也许因为孩子的直言太率真,也许因为有人听课太尴尬的缘故,执教老师觉得有些挂不住面子,就按捺不住冲动示意孩子到教室后边面壁……

下课了。

我旋即与执教老师面聊:"孩子为什么需要'面壁'?"

执教老师觉得有些不好意思:"那时我真的别无选择!"

"请先别急着说自己别无选择,我们改变不了一座山的轮廓,改变不了一只鸟的飞翔轨迹,改变不了河水流淌的速度,所以只要观察它们,发现它们的美就够了。孩子,不就是一座座山,不就是一只只快乐飞翔的小鸟,不就是一条条欢快流淌的小溪吗?"我把微笑送给他,"敢不敢邀'面壁'的孩子回位,并说声'对不起'?"

"暂时有些困难，"执教老师很坦诚，"那样孩子会嘲笑我的……"

我没有勉为其难，事后给执教老师发了一条微信——

"比你强的人是不会嘲笑你的，那都是比你弱的人才会干的事儿，目的是把你变得跟他们一样弱。儿童是比你强的人。课堂上，老师除了适时闭上嘴听他们说'童话'，有时还可以适切张开嘴对他们说声'对不起'。"

三、不把"另类"学生视作"怪胎"

有一则耐人寻味的微博——

9岁的索菲亚迷上了各种各样的虫子，同时非常热衷于捕捉、观察小虫子。在她的班级里，她常常被同学们视作"怪胎"，被同学们孤立，同学们踩死她的昆虫样本，更有甚者，以暴力相向，还曾把她推进烂泥坑里。而这一切，只是因为她的爱好与众不同。

她的妈妈说，类似的事件一直持续发生，她一直鼓励索菲亚去找学校的老师反映，但是索菲亚的老师一直敷衍她，从未做出什么真正的干预。

但是，索菲亚的妈妈一直没有放弃过，一直鼓励索菲亚坚持自己喜欢的，告诉她完全可以在昆虫上大有作为。

为了寻求帮助，索菲亚的妈妈联系了加拿大昆虫协会，希望能有人鼓励索菲亚坚持自己喜欢的东西，让她感到自己不是一个"怪胎"，而是一个人。

收到求助后，加拿大昆虫协会迅速发布了公告。仅一天之内，索菲亚就收到了来自加拿大、美国、英国、委内瑞拉以及亚马逊雨林等各个地方的来信，索菲亚非常开心世界上有那么多人和她一样热爱昆虫。

现在，新学期开学了，索菲亚再也不怕自己是一个"怪胎"，因为她知道世界上有许许多多和她有共同爱好的"怪胎"。

正是这些"怪胎"的特立独行、桀骜不驯、"惹是生非",甚至格格不入,才使得他们用与众不同的视角看待事物,使得他们不喜欢墨守成规,不愿意安于现状,进而不断寻求改变寻常事物,推动人类向前迈进。

我们之所以笃信未来,是因为我们笃信未来人们的眼睛,具有拨开历史风尘的睫毛与看透岁月篇章的瞳孔,不再把"另类"视作"怪胎"。

其实,生命中真正重要的事情,并非单单从外在的观点来看上述故事中那个孩子是多么的"与众不同"。就算她真的"独一无二"地存在于你我的班级或学校中,如果她没有和你我产生任何关系,没有建立任何感情,她的"独一无二"于你我又有何意义呢?重要的是,通过这个故事,你悟到了你真正"在乎"什么样的人,然后,在你的教育教学中"别有用心"地去发展你与"在乎"的人的关系。要建立这种关系,你要用心,要愿意投入时间去关注对方,聆听对方,了解对方的需求,要找到彼此相处与对话的最恰当仪式,同时也要承担起关照对方的责任,以及愿意承受因爱而来的受伤与眼泪。

寻找课堂中不存在的学生

有时候,我们的教学对话,就是在课堂中艺术地寻找不存在的人——学生。

千余双眼睛盯着,公开教学开始了。与借班上课的孩子初见面,我躬身问前排的一个小男孩:"我可以认识你吗?"

"吴亦凡。"他长得太喜庆了,嘴巴一张开,眼睛就睁不开,眼睛一睁开,嘴巴就张不开,"老师,我如果想知道您的姓名呢?"

"孙建锋。"我旋即板书。

他移步黑板前,立马把"吴亦凡"写在"孙建锋"的前面。

"吴亦凡+孙建锋=……"

"怀孕!"

答案一出,爆笑全场。

"吴亦凡+孙建锋=海马爸爸"!笑声中,飘来一个调皮男孩的海豚音,他边嗨边扭自己的屁股,"耶——耶——耶——!"

我请"海豚音"继续"闪亮":"你有问题吗?"

"孙建锋是一个不存在的人!"

"为什么?"

"因为我是一个不存在的人。"

"我们一起寻找不存在的人。"说完,我与孩子们一起观看配乐PPT《泰迪的故事》——

汤普森太太是一位小学老师。在开学第一天,她就对班上的五年级学生说了一句谎话。就像大多数老师一样,她对学生们说,她会一视同仁地爱班上的每一个学生。但这是不可能的,因为坐在第一排的是泰迪。

汤普森太太注意到,泰迪的表现并不好,他不合群,衣服很脏,总是不洗澡,而且泰迪总是郁郁寡欢。汤普森太太也乐于在他的作业本上用红笔打上大大的"×",并批上"不及格"。

学校规定,老师要阅读以前的老师对每一个学生的评语。当她读到对泰迪的评语时,她吃了一惊。

泰迪一年级老师的评语是:"泰迪是一个开朗、聪明的孩子。作业整洁,仪表良好……善于与人相处。"

他二年级老师的评语是:"泰迪是一个优秀的学生,深受同学爱戴,但他并不快乐,因为他的母亲患了重病。"

他三年级老师的评语是:"他母亲的亡故给他的打击很大。他很努力,但他的父亲对他毫不关心。"

他四年级老师的评语是:"泰迪丧失了学习兴趣。他不合群,有时在课上打瞌睡。"

现在,汤普森太太知道了问题所在,她为自己感到羞愧。当她收到学生们的圣诞礼物时,她更感到无地自容了。在系着美丽缎带的色彩鲜艳的礼物中,只有泰迪的礼物是用杂货店的纸袋包的。

汤普森太太打开泰迪的礼物时,她发现,里面是一只掉了几颗水晶的水晶石手镯和一瓶只剩四分之一的香水。一些学生发出嘲笑声,但她却赞叹说:手镯很漂亮。她把手镯戴在手上,并在手腕上洒了一些香水,同学们的笑声停止了。

那天泰迪放学后留了下来,他对老师说:"汤普森太太,今天你闻起来就像我妈妈一样。"在孩子们放学后,她独自哭了一小时。

从那天开始,她不再是教书,而是开始教孩子。

汤普森太太对泰迪尤其关心。在她的辅导和鼓励下,泰迪飞速进步。学期结束时,泰迪已成为班上最好的学生之一。尽管她说过,她会对同学们一视同仁,但她还是对泰迪关爱有加。

一年后,她在门缝里发现一张泰迪写的纸条,上面说,她依然是他所遇到的最好的老师。

六年过去了,她收到一封泰迪的信。信上说,他已高中毕业,是班上第三名,而且,她仍然是他所遇到的最好的老师。

又过了四年,她又收到了泰迪的信。信上说,尽管他遇到许多麻烦,但他依然在上学,并且成绩优异,很快就要大学毕业了。他向她保证,她仍然是他所遇到的最喜欢的、最好的老师。

又是四年过去了,她又收到泰迪的来信。这次他解释说,他获得了博士学位,他决定继续深造。他还说,她依然是他所遇到的最喜欢的、最好的老师。

但故事并没有就此结束。那年春天他又寄来了一封信。泰迪说,他正在准备结婚。他说,几年前他父亲去世了。他问汤普森太太是否愿意参加他的婚礼,并坐在通常为新郎母亲所留的位子上。

当然,汤普森太太同意了。那天,她戴上了那只掉了几粒水晶的手镯,她洒的香水正是泰迪母亲所用的同样的香水。

他们互相拥抱。泰迪在汤普森太太耳边低声说道:"谢谢你,汤普森太太。谢谢你信任我,非常感谢你让我觉得自己很重要。"

汤普森太太热泪盈眶,她轻声告诉泰迪:"泰迪,你错了。是你教会了我,我可以让自己变得很重要。我以前并不知道如何教书,直到我遇到了你。"

孩子们看得眼雨横飞,说得让人动容:

——汤普森太太和泰迪都很幸运,他们都在寻找不存在的人,都找到了不存在的人。

——汤普森太太用爱寻找不存在的人。

——是泰迪教会了汤普森太太寻找不存在的泰迪。

——是泰迪教会了自己寻找不存在的自己。

……

是的。我们的教学对话，就是在艺术地寻找不存在的人。

记得，2014年6月，特斯拉公司在推特上发布了一条招聘信息，题目是：我们在寻找那些从未存在过的人。

其实，像"吴亦凡+孙建锋=……"那样，像汤普森太太那样，创造一个从来没存在过的教学故事，寻找一个从未存在过的人，可以在每一间教室里上演。

什么是不存在的人？

孩子天生就是哲学家，用"海豚音"同学的话说，"孙建锋是一个不存在的人"，因为他"是一个不存在的人"。

其实，孙建锋也好，"海豚音"同学也好，汤普森也好，泰迪也好，一直都是存在的，只是从某个角度说，教育教学的发展，正是由这些"不存在的人"的点滴努力往前推动的。

这些不存在的人，需要具备什么能力呢？我认为，需要的是一种"诞生"的对话能力。

"吴亦凡+孙建锋=怀孕"、《泰迪的故事》，不是靠教学的熟巧，这是一种对话艺术的"诞生"。一切所谓的教学熟巧都是给骗子保留的。没有教学对话艺术家的课堂，这些骗子就出来活动。

引领学生与生活美精准对话

我以为,不视"学生发展核心素养"倡导的"具有健康的审美价值取向""能在生活中拓展和升华美"为纸上谈兵,就要放开手捕捉美,在对话教学中找准审美的靶点,引领学生与美精准对话。

美,在波德莱尔看来分两种,一种是永恒,如希腊古瓮;另一种就是绝对稍纵即逝的东西,就像街上一个行走着的时髦女郎。两种美不分高下,短暂的美也会给人强烈的感受。人看见好看的东西就会不由自主地盯住不放,可以肯定的是,偏见、狭隘、嫉妒、仇恨无法走向美,我们的眼睛只好回避开。

笔者撷取《伟大的人有两颗心》的对话教学片段,谈谈怎样"放开手捕捉美",找准审美靶点,引领学生与美精准对话——

师:1991年11月1日,就读于美国爱荷华大学的中国博士留学生卢刚开枪射杀了三位教授和副校长安·柯莱瑞以及一位和卢刚同时获得博士学位的中国留学生山林华。在枪杀五人之后,卢刚随即当场饮弹自尽。安的兄弟们给枪杀自己姐姐的卢刚家人写了一封信。我们一起来读一读这封信——

生:《致卢刚的家人》:"我们经历了突发的剧痛。"

师:因为之前没有料想到,所以叫"突发"。

生:"我们在姐姐一生中最光辉的时候失去了她。"

师:姐姐人到中年,事业如日中天,家庭温馨幸福,可谓"一生中最光辉的时候"。

生:"我们深以姐姐为荣,她有很大的影响力……"

师:影响力,就是她一流的"学力""心力""创造力"与"领导力"……

生:"受到每一个接触她的人的尊敬和热爱——"

师:卢刚于她是一个"错爱"!

生:"她的家庭、邻居,她遍布各国学术界的同事、学生和家属。"

师:一位赢得那么多人厚爱的女性,多么了不起!

生:"我们一家从很远的地方来到这里,不但跟姐姐的许多朋友一起承担着悲痛,也同他们一起分享着姐姐在世时所留下的美好回忆。"

师:忆往昔,我们童年一块长大,在同一个被窝里睡过觉,同吹生日蜡烛……这都是童年最珍贵最美好的回忆。

生:"当我们在悲痛与回忆中相聚一起的时候,也想到了你们一家人,并为你们祈祷。"

师:这就是同理心,就是换位思考。尽管你是我们的仇人,我们还想念你。

生:"因为这个周末,你们肯定是十分悲痛与震惊的。安相信爱和宽恕。"

师:这是安的情怀和信仰。

生:"我们在你悲痛时写这封信,为的是要分担你们的悲伤,也盼望你们和我们一起祈祷彼此相爱。"

师:仇人相见分外眼红,而这里却是仇人相见分外相爱。

生:"在这个痛苦的时候,安是希望我们的心都充满同情,充满宽容和爱的。"

师:这就是安广受大家尊敬的重要原因。她有人文情怀!

生:"我们知道在此时比我们更感到悲痛的是你们一家。"

师:对于卢刚的父母而言,失去的是儿子。

生:"我们愿意同你们一起承担这悲伤,这样我们就能一起从中得到安慰和支持，安也会这样希望的。"

师：这封信，现在还保存在已故校长的办公室里，今天我拿来一起分享。我们虔诚地与这封信对话，它让我们懂得：爱有大小之分，最大的爱就是爱仇敌，一个人若能爱仇敌便能爱一切。看到安的兄弟们写的这封信，难道一句话都不想说吗？

生：安的兄弟们做到了宽恕。

生：冤冤相报何时了，放下仇恨，回头是岸。

生：弱者的字典里没有"宽容"两个字，强者才能实现宽容。宽容不是一句口号，而是一种能力。

师：世界以痛吻我，我要报之以歌。

师：这起枪击案的前提是，凶手已经死了。古老的"杀人抵命"的原则得到了兑付，不在法院里，而在上帝那儿。美国人，化敌为友、以德报怨的背后实际上是整体的制度文明和法制秩序在起作用。美国是不会不分青红皂白地原谅恶人的。宽容是离不开社会正义的。

师：我们明白了什么是宽容。一起读读黄色字。

生：（齐读）紫罗兰把香气留在了踩扁了它的脚上，这就是宽容。

师：我要能闻出来脚下的香气！

生：（齐读）紫罗兰把香气留在了踩扁了它的脚上，这就是宽容。

师：我们都明白了怎样去宽容。

生：（齐读）一个伟大的人有两颗心，一颗心流血，一颗心宽容。

师：起立，一个伟大的人是不断成长的人，没有恐高症的都站在凳子上读。

生：（齐读）一个伟大的人有两颗心，一颗心流血，一颗心宽容。

师：一个伟大的人拿得起也放得下，请轻轻落地。

生：（齐读）一个伟大的人有两颗心，一颗心流血，一颗心宽容。

……

卢刚枪杀教授的犯罪行为是罪恶，但是，已故校长的办公室里陈列的《致卢刚的家人》的信,却是一种"永恒"与"稍纵即逝"的美。如果不开发成文本,与之对话,陈列的"永恒",也会"稍纵即逝"。

我们找准《致卢刚的家人》中"宽恕"这个审美的靶点,引领学生与"爱仇人,就能爱一切"精准对话,旨在让对话者与"大爱"对话,以便他们能够成为"大爱"的人。如果没有东西可以选择,灵魂就不可能成为任何东西。灵魂若要经历它的美好,就必须与美好对话。通过卢刚枪击案,学生的灵魂意识到,美好也可以存在于非美好的空间里。美好的灵魂对非美好不是"以眼还眼",而是以德报怨;不是"以牙还牙",而是"报之以歌"。

许多人认为,白色是颜色的缺席。但它并非如此。它包含了所有颜色。所有其他颜色调和了就是白色。同样地,爱亦非某种感情的缺席,它是高兴、悲哀、憎恨、愤怒、同情、宽恕等所有感情的总和。它是总和,甚至是乘积。它是一切。它是人间至真至善的美。

无人可以命令夜莺唱歌,无人可以吩咐天空放晴。成长意味着,能理解这个世界上为什么存在那么多不尽如人意,逐渐学会包容,不再觉得难以忍受。抵达美景时,本以为会变得很温柔,不料需变得更坚强,才能容得下千万里的山光和湖色。

在对话中解放自己

当下是个有趣的时代。不同的文化，产生不同的身体语言。与不同的身体语言对话，就是与不同的文化对话。通过不同文化的相互对话，建立不同的思维模式，学习能力变得立体，生活也会多出无数可能。有趣的时代，应该报以有趣的灵魂。何以有趣？就是让你的身体学会接纳不同，欣赏不同，尝试不同，与一切不同的文化对话。基于此，我引领学生和"人跪鸟"与"人跪狗"对话——

师：有句话说得好："男儿膝下有黄金。"岂能轻言下跪？现实生活中，真有男人下跪的故事。你们想不想知道？

生：（期盼）想！

师：从眼睛里我读出了你们对故事的期待。请看这样一段视频——《跪鸟》。

（学生聚精会神地观看视频：这是一场澳网的决赛。冠军不但能捧起金灿灿的奖杯，还能获取45万美元的奖励。当比赛进行到一球定乾坤的关键时刻，忽然一只小鸟飞进了赛场，飞速旋转的网球恰巧击中了小鸟。击球的球员立即中止比赛，跑向小鸟，向躺地身亡的小鸟下跪，并在胸前画着"十"字，向小鸟忏悔，观众席上传来一阵雷鸣般的掌声。）

师：被击中的小鸟当场落地死亡，运动员立即终止比赛，跑向小鸟，双膝下跪。目睹"人跪鸟"这震撼人心的一幕，你一定思绪绵绵、情感万千，此刻你内心当中最想表达的是什么？

(学生举手想发表自己的看法。)

师：请放下你的小手，把此时的万千思绪暂时储存。

师：天下之大，无奇不有。看过"人跪鸟"，想不想看"人跪狗"？

生：(异口同声) 想！

师：这段视频很有震撼力，请把你的目光聚焦到屏幕上。

(学生观看《跪狗》视频：在一个寒冷的冬天，两个小伙子驾驶面包车在街道的拐弯处不小心撞死了一只小狗，狗主人要他们赔5000元人民币，两个小伙子没有钱，狗主人要求他们跪在小狗面前一个小时，这样就可以抵消5000元了。路人都劝两个小伙子起来，可是他们说时间还没有到。)

师：假如让"人跪鸟"和"人跪狗"对话，换句话说，就是将两个故事进行比较，你一定有一肚子的话要说。现在请你闭上眼睛思考三分钟，理一理你的思绪，你想说什么，怎样说？

师：拿起手中的笔，把你要说的话写出来。时间20分钟。有话就多写，话少的就少写，只要能感觉到无拘无束、直抒胸臆就好。

附学生作品：

爱鸟！爱狗？爱财！

"人跪鸟"和"人跪狗"看似不可能发生，但还是发生了。

在一场澳网决赛中，双方球员正打得难解难分，到了一球定乾坤的关键时刻，一只小鸟飞了过来，恰巧被飞速旋转的网球击中，小鸟落地身亡。击球的球员立刻中止比赛，飞速跑向小鸟，"噗"地一下跪在小鸟面前，右手在胸前划着"十"字，深深地表示忏悔，希望得到小鸟在天之灵的宽恕。

一只宠物狗，因狗主人没有看管好，被一辆急转弯的车轧死，狗主人要求赔偿5000元。因为开车的两个小伙子只是送货员，根本没有钱，狗主人就无礼地要求他们给死狗跪上一个小时作为赔偿，他们只好就范。

大约一小时后，狗主人抱走了小狗尸体，两小伙子被人扶了起来，一言不发地离开了……

"人跪鸟"和"人跪狗"都是跪，而不同的是前者是"跪"，后者是"被跪"。澳网比赛中，我看到的是一位尊重动物的球员为自己无意中打死的鸟儿下跪，而车祸的事发现场中，我看到的是两位为钱所迫而为狗下跪的七尺男儿。同种动作下，是不同的两种心态，前者是自尊，后者是自卑。自觉为失手打死的小鸟下跪，跪的是一种尊重，尊重一只小鸟，尊重低等动物的生命，因尊重而自尊；为钱而跪，只要能免钱，免赔，不分是非曲直，一跪了之，跪得窝囊，跪得自卑。

自觉为小鸟的惨遭不幸，深深下跪的运动员，真心爱鸟；以威逼方式让两个小伙子为小狗下跪的狗主人，假装爱狗，实则爱财；而屈于淫威的两个小伙子，不仅膝盖，连同人格都缺钙。

生命的尊严

"男儿膝下有黄金。"想必这句话大家都听过，是啊，男儿岂能轻易下跪？但你们可否知道"人跪鸟"？也许你惊奇，但这的确是实事。

那是一场澳网决赛，双方的球员正打得起劲。这时，一位球员打出一个旋球，不料一只小鸟突然飞进球场，迎面而来的网球让小鸟当场身亡……球员看到后，立即停止了比赛。令人惊讶的一幕出现了，球员"扑通"一声向小鸟跪下，并在胸前划着"十"字为小鸟祈福。一只小鸟的死，让世界看到的，是球员对小生灵的爱与尊重，是一种生命的尊严。

同样是跪，"人跪狗"，又代表了什么？两个小伙子开车无意撞死了一条小狗，狗主人非要他们下跪一小时，为小狗"祈福"。当时正是大冬天，还下着冻雨，地上又硬又凉。等两个小伙子起来时，连站也站不稳了，狗主人这才罢休。"它（狗）也是有生命的，养着它都有感情的，那你说撞死就撞死了，就这么解决了？完事儿了？可能吗？"狗主人在答记者问时如是说。我并不反对他的某些话，但我想说："人也有人的生命，有人的尊严!"

同样是跪,两件事的本质却截然不同。人跪鸟令我感动,它体现了人性的美丽,体现了对小生灵的爱与尊重。但人跪狗却使我疑惑又愤怒,它体现出生命的尊严了吗?这带来了什么?又带去了什么?

……

通过"人跪鸟"与"人跪狗"的习作指导对话,应用视频文本中"下跪"与"被下跪"的肢体语言对话,让学生与世界相连接,超越肤色与信仰、阶层与教育、政治与历史的差别,真正有与视频文本全息对话的时空,真正与真我对话——"爱鸟!爱狗?爱财!""人跪狗却使我疑惑又愤怒,它体现出生命的尊严了吗?这带来了什么?又带去了什么?"真正的对话艺术,就是让对话者自我展示如何活在提问里,而非活在解答里;如何坚持不懈地向更深处掘进,不接受现状。这样,我们的后生们才有可能活出新的方式。

让对话者自我展示如何活在提问里,而非活在解答里,其奥义在于不要奢求活在"标准答案里"。尽管对于抓住应试教育的衣襟不放者而言,这个理念无疑是不切实际的,何必要不懈地、西西弗式地,去尝试大到不可实现的目标?按照一般常识,我们若付出 x 努力,就应当获得 y 结果。然而,这样的因果逻辑会把我们的思想行为套死在既定的教学框架内。生活中,我们唯一能确定的结果是死亡……所有其他的,都是可能让我们感到意外的可变的事物。一如"人跪鸟"和"人跪狗"。对话教学的艺术,就是通过"人跪鸟"和"人跪狗"的对话,制造重新感知世界的机会,刺激对话者的想象,好让他们"活在提问里"。通过启动新的对话,创意地面对冲突,艺术地刺激对话者,重启思维模式,从结果衡量标准中把自己解放出来。

珍惜每次对话的精神相遇

在我们的一生中，不断与新的世界相遇，同新的他人相遇，同新的自我相遇，也就是不断同新的世界对话，同新的他人对话，同新的自我对话。一个人的生命，可能会因与另外一个人相遇而变得丰盈；一个孤单的心灵，可能会因对话而变得温润。这样的对话，该是何等的唯美。六年级《今生与你相遇》的口语交际课正是这样的对话。

一、平等对话：目光放平，人格对等

师：（走到一位学生跟前，蹲下身子）请问，你上几年级了？
生：我上六年级了。
师：（站起身来）请问，你上几年级了？
生：我上六年级了。
师：我站着、蹲着跟你讲话，你有什么不同的感受？
生：你在站起来的时候，我感觉你是至高无上的。（生笑）
师：蹲下呢？
生：感觉你平易近人。
师：（蹲下身）平易近人，"平"，是什么"平"？
生：（看了看老师的眼睛）目光平。
师：真会看细节！如果我站起来（边说边站起来），这时我和你目光的距离相对远了一些，显得有些？

生：居高临下。

师：一旦我蹲下来，目光平视，我和你的距离？

生：近了。

师：蹲下身来，目光平视，距离拉近，平易近人。你很棒！

在对话教学中，非语言沟通很重要，学生可从教师那里获得除语言内容之外的很多信息。非语言沟通的可视途径，包括在沟通过程中能够看到的方方面面：手势、身体姿态、面部表情、目光的移动和接触，甚至还包括衣着与化妆。良好的非语言沟通，能使学生兴奋，能让学生始终保持兴趣，并且使学生从心理上相信教师的真诚。如上教学环节中的非语言沟通——从站在讲台上，到走下讲台；从站起俯视，到蹲下平视。目光平视，人格对等，不仅学生感到老师平易近人，而且师生的心理距离悄然消弭。

二、无为对话：游戏"出书"，不教而教

师：茫茫天宇，悠悠时空，相遇什么人决定了你的喜和悲，爱和恨，顺利和挫折，腾达和败落。一句话：相遇，改变着人生命运，决定着人生走向。回溯到生命的上游，到一家幼儿园去，看看那里的孩子，怎么和一位姓董的幼儿老师相遇的。（我蹲下身子，把话筒送到朗读的学生跟前）请读《人生第一课》——

（学生声情并茂地朗读。）

师：朗读很通畅！与文本对话，想必你们已经感受到了孩子们在"人生第一课"就遇到了董老师是幸运的。假如你有孩子，愿意送给董老师教吗？

生：愿意！

师：理由是？

生：董老师教孩子的方法萌萌的。

生：董老师与众不同，她和孩子们合作"出书"。

师：与其说她是幼儿园老师，不如说她是童年营养师。

附：

人生第一课

这是一家普通的幼儿园，九月初，刚刚入园的孩子被董老师带进幼儿园的图书室，很随便地坐在地板上，接受他们的人生第一课。

董老师微笑着走向孩子，她的背后是整架、整架的图书。"孩子们，我来给你们讲个故事好不好？"

"好。"孩子们齐答。于是董老师从书架上抽下一本书，讲了一个有趣的童话。

"孩子们，"故事讲完后，董老师说，"这个故事就写在这本书中，这本书是一个作家写的。你们长大了，也一样能写这样的书。"

董老师顿了一下，问道："哪位小朋友也能来给大家讲一个故事？"

一位小朋友立即站起来，"我有一个爸爸，还有一个妈妈，还有……"幼稚的童声在室内回荡。

然而，董老师却用一张洁白的纸，认真地把这个语无伦次的故事记录下来。"下面，"老师说，"哪位小朋友来给这个故事配个插图呢？"

又有一位小朋友站了起来，先画了一个"爸爸"，又画了一个"妈妈"，最后画了一个"我"。

当然画得很不像样子，但老师同样认真地把它接过来，附在那一页故事的后面，然后，取出一张精美的封皮纸，把它们装订在一起。封面上，写上作者的姓名和插图者的姓名，"出版"的年、月、日。

老师把这本"书"高高地举起来，"孩子，瞧，这是你写的第一本书，写书并不难。你们还小，所以只能写这种小书；但是，等你们长大了，就能写大书，就能成为伟大的人物。"人生第一课结束了，在不知不觉中，孩子们的心中都埋下了种子。

董老师看似漫不经心地和孩子们玩"出书"的游戏，实则在播撒兴趣的种子。兴趣是最好的老师，它可以让一个人走得更远。"天空没有翅膀的痕迹，但鸟儿已经飞过。"董老师宛如水上写字不留痕迹地不教而教的对话教学，可谓大教无痕啊！

三、"图优"对话：可视性强，喜闻乐见

师：人的成长之路并非一马平川，也非坦荡无边，有的时候难免会遇到一些不幸，譬如父母亡故，家庭变故。家庭的不幸，往往会影响到孩子，影响他的学业。有一位学生，就遭遇了家庭不幸，可是他却幸运地遇到了一位好老师。让我们一起来分享《泰迪的故事》（故事内容见第53—54页）。(播放配乐 PPT)

师：《泰迪的故事》跌宕起伏，很多细节让我们为之动容，请说说其中最让你感动的细节。

生：有这样一个细节让我感动：妈妈的离世对泰迪是个沉重的打击，当他快要自暴自弃的时候，汤普森老师帮助了他，给他母爱，给他温暖，使他步入正轨。

生：一个学生十几年后结婚了，还想着邀请曾经教过自己的小学老师来参加婚礼，这一细节让我感动。

生：泰迪把手链和香水送给汤普森老师，让我感动。

师：因为手链是——

生：泰迪妈妈留下的。

师：香水也是——

生：他妈妈留下的。

师：他把妈妈的遗物送给了——

生：汤普森老师。

师：他把汤普森老师看作了——

生：妈妈。

师：这样的细节怎能不让人感动？泰迪如果不遇到汤普森，他的命运可能会怎样？

生：可能会一塌糊涂。

生：可能会辍学。

生：可能会流落街头。

生：可能会自生自灭。

师：不排除这种种可能。

师：泰迪遇到了汤普森，收获了怎样的命运？譬如学业上——

生：泰迪读到了博士。

师：譬如婚姻上——

生：娶到了美丽的妻子。

师：学业爱情双——

生：丰收。

师：醉过知酒浓，爱过知情重。新婚大喜的日子，泰迪和汤普森互相拥抱时，他在老师耳边轻声说——

生："谢谢你，汤普森太太。谢谢你信任我，非常感谢你让我觉得自己很重要。"

如果一条信息以口头方式提出，72小时后进行测试，人们只能记得其中10%的内容。如果你在这条信息的口头说明过程中加上一张图片，那么测试的结果将上升到65%。以上教学环节中，配乐PPT具有很强的可视性，学生喜闻乐见。这种"图优效应"下的对话，胜过千言万语。

师：光阴似箭，日月如梭。很快，你们就要进入中学了，那该是多么美好的时光啊！激情燃烧的岁月，神仙美慕的花季年华，五彩斑斓的校园，情窦初开的面庞，梦想放飞的课堂，怎能不让人神往。你想去上中学吗？

生：想。

师：想读哪所中学？

生：六中。

师：上了中学，看问题要有一定的角度，角度决定高度，高度决定视野，视野决定境界。怎么转变角度？基廷老师拿出了他的绝活，请看视频。

（播放视频：基廷老师带领学生站到讲台上。）

师：我们不能一直活在虚拟的影像世界里，对吗？

生：对。

师：那么，行动吧！Come on，我带头跳上课桌。

生：学生纷纷跳到桌子上来。

师：请大家一起看屏幕，我读红色的字，你们读黑色的字——

师：为什么要——

生：墨守成规！

师：为什么要——

生：做成蜡像！

师：为什么要——

生：束缚手脚！

师：为什么要——

生：桎梏灵魂！

师：为什么不——

生：敢为人先！

师：请从课桌上下来，轻轻落地。落地无声诗意美。

（学生从课桌上轻轻下来。）

师：解放了身体，打破了常规，化解了蜡像，解开了手脚，放飞了灵魂，敢为人先，我们每个人的心里是何其畅快呀！请看基廷老师的又一壮举。

（播放视频：基廷老师怂恿学生撕碎书本上的标准答案。）

师：基廷老师的对话课堂像少女的初吻，弥漫着醉人的清香，让人怦然心动、终生难忘。

……

师：这节课，我们在文本当中，与"董老师、汤普森老师、基廷老师"精神相遇。这一生，我们在百回千载中，寻寻觅觅、真情守望。一天天——

生：我闭目在精神圣殿的香雾中，真的就可以谛听到你的真言。

师：一月月——

生：我翻弄所有的经典，真的就可以触摸到你的指尖。

师：一年年——

生：我翻阅所有的书山，真的就可以在对话中与你相见。

师：今生与你相遇，真好！

仓央嘉措百转千回，"只为途中与你相见"，我们在文本中寻寻觅觅，只为与"董老师""汤姆森老师"和"基廷老师"相见。今生与你相遇，满怀着诗意；今生与你相遇，充满着浪漫；今生与你相遇，洋溢着美感。语文教学不就是教师自觉追求与学生人格平等、精神相遇的心灵对话过程吗？这个相互牖启、相互造就、相互提升的过程，成就了一种气象万千的大美。

对话重在生命唤醒

我向来笃信：对话艺术中的孩子本来就醒着——那是一种街道睡了路灯醒着，泥土睡了树根醒着，鸟儿睡了翅膀醒着，肢体睡了血液醒着，圆熟睡了童真醒着的醒着……

那年早春，从长白山，到五指山，我穿越大半个中国听一位教师上课。

课行中，教师让一年级的孩子用"洁白洁白的_____"说话，多数孩子都在常轨上运行，倏然一位掉了两颗门牙的小女孩脱轨了："洁白洁白的蓝天。"摇动着羊角辫。

"有洁白洁白的蓝天吗？"教师惊恐中夹杂一丝嗔怒。

孩子仰师鼻息："洁白洁白的脸蛋儿。"

"反应真快！表扬她！"

"你真棒！"学生们一起鼓起掌来，"啪，啪，啪"。

……

"我真怕！"小女孩快速在本子上写下三个字。

那一刻，我就坐在她的身旁，禁不住附耳低语："怕啥？"

"'洁白洁白的蓝天'还有朋友吗？"

"洁白洁白的乌鸦"，"洁白洁白的血液"，"洁白洁白的黑夜"……它的朋友很多很多！

她使劲点了点头，两条羊角辫在颤动。

"同学们，请在横线上写话。"说时迟，那时快，教师又上了一道菜，

"春天到了，_____。"

"树叶落了！"这几乎是小女孩的第一反应。

闻听此言，同学们哄堂大笑！

"春天到了，"教师迅速纠误，"树叶怎么样？"

"树叶开始长大！"同学们火速"救场"。

"请看窗外——"小女孩指了指那大叶榕。

在南国绵密的细雨中，榕叶正任性飘零……

"1、2、3！"教师一声号令。

"坐端正！"学生顷刻化作蜡像。

"春天到了，树叶落了"，小女孩把没有机会读完的后半句——"燕子一斜，蝌蚪一逗，书包一笑"送给我时，她的眼神像咏叹调一般纯洁、有力，我很想进去居住。

那晚，躺在宾馆的床上，我反复叨念"燕子一斜，蝌蚪一逗，书包一笑"，辗转反侧，难以入眠。

爱因斯坦说：如果我有一个小时去解决一个问题，我会花55分钟的时间去发现真正的问题是什么，然后再用剩下的5分钟去解决它。

于是，我开门见山地给执教的教师发了一条微信："每个人采取的每项行动都基于爱或怕。请问，你怕什么？"

"考试！"他坦诚、率真而又一针见血地回微，"'洁白洁白的蓝天'，'春天到了，树叶落了'，固然文学、诗意、童真，可是，'标准答案'认吗？我不选择'童真'，因为我的孩子需要'奶粉'……"

考试，确有无比的震慑力与内驱力，从这个角度看，这种"怕"是一种不可或缺的正能量。

考试，以所谓"标准答案"，减损与削弱、阻碍与围剿孩子的独立判断与选择，使得孩子不能以自己的感受和视角去理解事物，不能用自己的力量和方式去解决问题。这种只给孩子一种答案，只让孩子听到一种声音的应试教育，是一种可怕的愚民教育。如果每位教师、每所学校都变成"标准答案"意志的延伸与帮凶，每堂课、每个环节都释放着收缩、封闭、攫取、恐吓、戕害等负能量，那么谁家的孩子有路可逃？然而，只是集体沉默，这是一种"没有一滴雨会认为自己造成了洪灾"的集体沉默，这种集体沉默以及支配集体沉默的思维皆出自对权力的恐惧。当恐惧权力成为一种传统、一种习俗、一种模式，恐惧便不再需要理由，不再需要追问"为什么恐惧"，唯一值得我们恐惧的是恐惧本身。

恐惧与梦想是一个硬币的两面，缺一不可。谁不想诗和远方，但有时恐惧才让人不断前行。

前行中，不能凭着经验的延长线去规划孩子的未来。所有学校与教师都需要不停跨越以往经验的覆盖值，教育正处在一个经验很快就覆盖不到的行业，诚如上文教学对话中孩子的思维变化太快了，教师必须赶着自己往前走，有些时候甚至要推翻过去的自己。

43-13，怎样教学？我们耳熟能详的传统教学难道是唯一的"标准答案"吗？

请与美国的教学对话——

他们从13开始找最接近的"5"，找到15，再找最接近的"10"，得到20，再得到30，再得到40，最后40+3=43。然后43-13=2+5+10+10+3=30，完成。

其规律是：从减数13开始，往上加，一直加到被减数43，加了多少，答案就是多少。也就是先差几到15，再差几到20，再差几到30，再差几到40，再差几到43。

步骤虽然多了，但每一步的方法都更简单更一致，实际上是化繁为简，计算机内部的算法差不多就是这样的。这就是数理逻辑概念的教育法。教法没有唯一，只有之一。

次日，雨后初霁，仰望"洁白洁白的蓝天"，俯察"春天到了，树叶落了"，呼吸"燕子一斜，蝌蚪一逗，书包一笑"，歆羡南国春早，校园如画。

"春光唤醒了蓝天，唤醒了大地，也唤醒了可爱的孩子！"随行的同事兴奋地指了指操场，"'羊角辫'与玩伴正课间撒欢……"

"哪来的'唤醒',孩子们本来就醒着!"看到她们脚尖触地,轻盈梦幻,舞动春风,与完美调情,我盈盈一笑,"那是一种街道睡了路灯醒着,泥土睡了树根醒着,鸟儿睡了翅膀醒着,肢体睡了血液醒着,圆熟睡了童真醒着的醒着……"

醒着,就是让高高在上无法看到一切的我们,蹲下来顺着孩子的目光看世界;就是让我们有机会去发现,发现孩子为身边这可见的世界展现了什么新的风景。

醒着,就是学会从50岁往1岁活,重拾最初纯真的美丽,让身边的每个孩子连同自己都有机会成为伟人。

醒着,就是回归到人的本身,忠实于自己真实的内心,再一次从内心出发,寻找不一样的启迪与让人兴奋的连接点。

醒着,就是在每个人都有权迷路然后转向的剧变中,重新发现信仰的力量与真正的重量,还有信仰的恩典。

醒着,只要孩子醒着,永远醒着,明天就会醒着,就会有更多的"洁白洁白的蓝天"敢于在汹涌的外部声音中站定,并能够听到自己内心的声音;就会有更多的"春天到了,树叶落了"敢于在冲突的湍流中抚摸逻辑链中最微妙的环节;就会有更多的"燕子一斜,蝌蚪一逗,书包一笑"品咂思维和情感的纹路,在因果链的最深处探寻微弱但无可置疑的光亮。

追求极简的教学对话艺术

怎样追求极简的教学对话艺术？试以《美丽的公鸡》为例，谈其操持与意义。

课始，教师引领学生与《美丽的公鸡》对话——

师：从前有一只公鸡，他自以为很美丽，整天得意扬扬的。

生：公鸡公鸡真美丽，大红冠子花外衣，油亮脖子金黄脚，要比漂亮我第一。

师：有一天，公鸡吃得饱饱的，挺着胸脯唱着歌，来到一棵大树下。他看见一只啄木鸟，就说——

生："长嘴巴的啄木鸟，咱们俩比一比，到底谁美。"

师：啄木鸟冷冷地说——

生："对不起，老树长了虫子，我要给他治病。"

师：公鸡听了，唱着歌，大摇大摆地走了。公鸡来到一个果园里，看见一只蜜蜂，就说——

生："鼓眼睛的小蜜蜂，咱们俩比一比，到底谁美。"

师：蜜蜂冷冷地说——

生："对不起，果树开花了，我要去采蜜。"

师：公鸡听了，又唱着歌，大摇大摆地走了。公鸡来到一块稻田边，看见一只青蛙，就说——

生："大肚皮的青蛙，咱们俩比一比，到底谁美。"

师：青蛙冷冷地说——

生："对不起，稻田里有害虫，我要捉虫去。"

师：公鸡见谁也不跟他比美，只好往回走。在路上，公鸡碰到一匹驮粮食的老马，就向老马说了自己和啄木鸟、蜜蜂、青蛙比美的事。他伤心地问老马——

生："老马伯伯，我要跟他们比美，他们为什么都不理我呢？"

师：老马说——

生："因为他们懂得，美不美不光看外表，还得看能不能帮助人们做事。"

师：公鸡听了很惭愧，从此再也不去跟谁比美了。

生：他每天天不亮就喔喔地打鸣，一遍又一遍地催人们早起。

（引领学生与课文对话之后，教师让孩子们想一想，再说一说自己的想法。）

生：大红冠子花外衣，油亮脖子金黄脚，公鸡真的很美丽！啄木鸟、蜜蜂、青蛙、老马也各有各的美丽！

生："美丽"与"美丽"不需要在一起比较，"美丽"与"美丽"可以在一个床上"睡觉"。（逗得同学们哈哈大笑）

生：小姨自从拉了双眼皮，垫了高鼻梁，假睫毛弄得跟芭比娃娃似的，动不动就把自己的脸，贴近我妈妈眼角的鱼尾纹，还炫耀地问，谁漂亮？

师：你怎么回答？

生：我妈妈会把自己眼角的鱼尾纹，贴近姥姥的皱纹，问谁漂亮吗？

……

师：孩子们，炫耀美丽只是脆弱的另外一种表现。这就像比美之前的公鸡。对自我有深刻了解后的自信，会容纳与自己不同的美存在，反而不会趾高气扬，更不需要别人的肯定和羡慕来确认自己的美。这就像比美之后的公鸡。

生：耶！我知道了！要想美，其实就要像课文中的"公鸡"一样重新做自己。做自己,最美。

……

如上的对话,堪称极简的教学对话艺术,它不是简到"一无所有",而是变为"另一种拥有"。换言之,就是教学流程做了减法,师生身心做了加法:一问一答的假对话教学的"根源"被切割掉,消除了对传统教学的盲目崇拜,回归到教学对话艺术,将人解放出来,教学中所有不必要的枝枝蔓蔓的环节被刈除,所有的标准答案被解除,所有的功利羁绊被剔除,所有的清规戒律被废除,教师真正引领学生与文本对话成为可能,真诚言说成为可能,相互倾听成为可能,智慧增值成为可能,从而教师和学生都真正地找到他们认识的根基也成为可能。

第二辑
与教师对话的艺术 2

- 对话怎样生发转变力
- 让对话带你到陌生的地方
- 对话将凝视的目光朝向自身
- 我们怎样与考"共舞"
- 向音乐老师学示范
- 临课也是一种对话
- 对话艺术有答案吗
- 评课对话是一种慰藉的艺术
- ……

对话怎样生发转变力

对话，让我们遇到了自己的经验世界中未曾接触过的东西，正是这种东西能生发一种转化力。

一次对话教学研讨活动，老师们希望与笔者对话而能够有所触动，希望我们的对话具有一种转变力。我请他们抛出自己的问题。（参加对话的老师简称教师 A、B、C、D）

"我们怎样结合生活实际，来与《生命 生命》对话？"教师 A 单刀直入。

"《生命 生命》，意味着生命与生命对话，生命对生命的触动。"我微笑道，"我曾到访过加拿大安大略一所公立小学，办公室走廊转弯的墙上挂着一幅学生的照片，那是一个已病故的学生。墙角摆着一辆他骑过的白色山地车，墙上贴满他生前的照片，以及他和同学们的合影，他笑得很阳光。地上摆满了玩具和蜡烛。几个月过去了，这些悼念品并没有被清理掉，反而陆陆续续有人留下写有怀念和遗憾的字条，师生也没有感到任何不适，我想这就是对一个逝去的个体生命的追忆与关怀。在公共社会里，一个生命的尊严得到维护，比其他的帮衬更有力量。这或许就是我们应该牢记的生命之重。生命不是某些已经对象化的东西，生命是一种给予的行为和过程，生命给予的东西被给予生命自身，生命给予自身的东西永远不会脱离生命自身。《生命 生命》的生命言说不是通过有声的词汇来说话，它是我们处于恻隐之中的肉身对自身的内在体验，生命没有距离或差异地拥抱生命，没有什么可以撕开生命对生命的拥抱，生命自身在体验着,同时自身也被体验着,生命的感发是内在的自行感发。"

"其实,与《生命 生命》对话,不仅仅是为了理解这一课的教材,备好这一课,更重要的是让孙老师引领我们与课文对话,进而加强生命的自我经历与体验,自我感发与启示,这才是生命的本义。"教师 B 先是哲思泉涌,再是诗情画意,"'花开了,就像睡醒了似的。鸟飞了,就像在天上逛似的。虫子叫了,就像虫子在说话似的。一切都活了,要做什么,就做什么,要怎么样,就怎么样,都是自由的。'《祖父的园子》真是快乐的天堂,是孩子们向往的乐园。现在城市的孩子怎么办?"

我看到教师 B 的明眸里,有一丝忧虑,便宽慰道:"大可不必担忧!每个生活小区,都有阳光,都有孩子的记忆,孩子的笑声,孩子的故事。我们小区的孩子们一会儿在花园里,一会儿在游泳池里,一会儿在书房里。无论在哪里,他们的笑声和着夏日的风,飘荡在小区的每一个角落。这就是孩子的'富足'。有时候,反倒觉得成人应该检验自己的生活是否'富足',譬如,能否放下手机,像孩子一样欢喜?一棵树足够强大,即便剪掉枝条也能生长。生活的舞台,人人都想轮流登台表演,但是,如果不像孩子一样本真地表演自己,还不如在台下鼓掌。"

"《祖父的园子》里的'一切都活了,要做什么,就做什么,要怎么样,就怎么样,都是自由的',我们就像孩子一样本真地演自己,回到了真生命,实现了生命的自我显现。我们的课堂生命不也一样吗?"教师 B 幡然有悟。

"是的,自由、快乐,才是真生命的真自演!"教师 C 话锋一转,"'刷子李干活还有一个规矩。每刷完一面墙,必得在凳子上坐一会儿,抽一袋烟,喝一碗茶,再刷下一面墙。'为什么?"

我没有正面回答,而是剑走偏锋:"在日本,有个著名的寿司之神,他的名字叫小野二郎。他的故事被著名的纪录片导演大卫·贾柏向全世界作了宣传。他一生都在做寿司,并永远以最高标准要求自己。为了做寿司而保护双手,不工作的时候永远用手套护着,睡觉的时候都不懈怠。

这正是小野二郎的专注。"

"哦!"教师 C 快意道,"专注地对待每一件事情,自然包括'不工作的时候永远用手套护着,睡觉的时候都不懈怠',以及'在凳子上坐一会儿,抽一袋烟,喝一碗茶'。"

"是的。专注,使得生命有品质!"教师 D 接转话题,"我们怎么以《秦兵马俑》为例,多角度与墓地文化对话?"

"这是一个很好的问题。"我说,"人应当诗意地栖息在阳光照临的地上,也要诗意地长眠于星光俯瞰的地下——这是生死结构的对称美学。在我看来,墓地,就是一首雕塑诗,就是一种文化。我们希望既能读到王侯将相的墓志铭,也能读到黎民百姓的墓志铭。毋庸讳言,《秦兵马俑》,气势恢弘,文化价值不必待言。但是,在卡夫卡看来'奇迹和暴力是无信仰的两极'。奇迹是一极,暴力是另一极。试想,在农耕文明时代,'农夫和土地'是人类文明社会得以确立的第一块基石。'一夫不耕,或受之饥;一女不织,或受之寒。'既然是他们创造了历史与文明,他们的墓园文化不应当缺席。因为人类文明是由各种不同的人组成的,墓地文化是各种死亡文化之和。遗憾的是他们的墓园文化在哪里?旅英作家祝小兔说:'今天去 Highgate 墓园也是无比平静。……诗人的墓前开满玫瑰,作家们墓前被读者们插满笔。墓志铭或亲友们的简短留言刻在这里,哪怕一句俗气的 we miss you(我们想念你)都变得很有分量,这是天人相隔的思念。生命静止了,脚下却是话语,我尽可能地去读,那些写它们的人正在这安眠。有这么一句:How lucky I am to have something that makes saying goodbye so hard.(能在生命里拥有一些"舍不得"的东西是多么幸运。)读完鼻子又酸了。面对死亡,人可能是最真挚的状态了。'这一群体的墓地文化,取决于每个个体的墓园文化意识。每一处墓地都是一种文献与见证。与墓地文化对话,总觉得其中还深深隐藏着'一种未被发现的可能性'。"

"与文本对话的视域是不是很重要?"教师 D 问道。

"是的。一个完全不具备视域的人,就是一个不能尽自己所能登高望远的人，即使是近在咫尺的东西，他也不能够看清。而相反，具有视域的人不会满足于近在咫尺的东西，他能不断地向外伸展，不断地拓展自己的视域。借用伽达默尔的话，我们可以不夸大地说，谁拥有视域，谁就拥有世界。"

……

教师 A 说："这场对话在我们的心中留下了某种东西。它具有一种转变力，转变了我们与文本对话的固步自封，冲决了我们与文本对话的偏狭视域，化解了我们与文本对话的经验危机，增添了我们与文本对话的续航力。"

我借用马克·吐温的诗句，再次生发我们的转变力："二十年后当你回看今天，你会更多地为你没做过的事感到失望，而不是那些你所做过的。所以解开船绳，驶出安全港，去航行，去追风，去探索，去发现，去逐梦。"

让对话带你到陌生的地方

让对话带你到陌生的地方,与陌生对话,焕发新思维。

陌生,与视域有关。视域是指从一个特殊立场出发所能看到的一切。佛,看一切众生都是佛;菩萨,看一切众生都是菩萨;人,看佛看菩萨都是人。有一次,苏东坡拜访佛印禅师,问道:"你看我像什么?"禅师说:"我看你像一尊佛。"他很开心。禅师反问他:"你看我像什么?"他说:"我看你像一堆牛屎。"苏东坡觉得占了很大的便宜,回家去得意洋洋跟小妹讲,苏小妹说:"你吃了大亏,佛眼睛看人是佛,你是牛屎,看人家是牛屎,吃亏了。"对话,正如苏东坡、佛印禅师、苏小妹一样,是各自站在某一个点,向四周以放射的形式所进行的传播活动。换言之,对话者的语言就像某一发光点向四周发出的光一样,那么光所照亮的地方则是我们的对话视域。

怎样扩展自己的对话视域?哈佛女校长德鲁·福斯特主张,"到陌生的地方",在"对话中"睁大自己的眼睛,扩张自己的毛孔,扩展自己的胸怀。当我们看到的世界大了,才能更加宽容,才能更加坦荡。实际上,接受彼此的不同,尊重相互的差异已经成为"了解世界"的重点。一个人对话视域的广度决定他的优秀程度。

作为一个教育者,每每置身讲台,如果"我"认为自己必须讲话并能够讲话,而且"我"越是能够前后一贯、有联系地对学生一厢情愿地"直播","我"就越以为自己在传播"学说",这时,"我"就走向了"讲台危险"。"我"的教学独白愈加滔滔不绝,教学对话愈加销声匿迹,这种教学危机，就是一种对话无能力。无能力对话与其说是"我"实际具有的缺点，还不如说是学生对"无对话视域"的"我"提出的一种谴责。

有人说应试是"公正"的，基于对话视域看来，应试是"公正"的衰落。我们大家都参与其中，我们能感觉到不公，但是谁也不愿意承认我们生活在不公之中，而且我们还有遁词——还有比考试排名录取更公正的吗？不公是什么？只对一个人使用的公正是暴力准则，是不公。应试，只是无数掩盖真相的手段之一。有些时候，迫使自己与应试保持一定距离，也许是我们能达到的最大胜利。

有位法国姑娘说："人们总觉得法国人的浪漫，就是香槟、玫瑰、烛光晚餐、礼物和惊喜，我心中真正的浪漫远远不是这些。"那些懂浪漫的人，并不是会品红酒买礼物的人，而是对情感的奥秘有深刻体悟的人。波伏娃19岁就发表了个人"独立宣言"，宣称"我绝不让我的生命，屈从于他人的意志"。这种独立既让人觉得浪漫，又让人感到好有视域。

对话将凝视的目光朝向自身

佐藤学说,学习包含三种对话:与客观事物对话,与他人对话,与自己对话。与客观世界对话可以了解世界,与同伴对话可以形成人际交往的关系,与自己对话可以发现更好的自己。我认为,三种对话的鹄的是将凝视的目光朝向自身。

深圳市福田区特级教师论坛开坛,我剪辑了电影《蒙娜丽莎的微笑》中的两个片段,先邀请部分特级教师代表观赏,然后请他们以"教育是为了主体生命的幸福成长"为题,展开对话,旨在把目光转向自身——

电影片段一:照本宣科

电影《蒙娜丽莎的微笑》中,第一节美术史课,沃森教授遵循着教学大纲为学生讲解,她照本宣科,次第投影着西班牙奥尔塔米拉壁画《受伤的野牛》、法国拉斯考克斯法山岩画《群马》、《米塞利诺斯和他的妻子》这些不同时期的名画代表作,令她惊讶的是,无论是作者,还是绘画技巧与风格,只要她的投影一出,学生都立马对答如流。沃森说,课前读过这部讲义作了预习的请举手,全班学生手举如林。"如果你没有其他可教的,我们宁可自学。"一位对沃森教授发出挑战的学生话音刚落,其余学生便起身离开了教室。

电影片段二:灵动对话

第二天,课伊始,沃森教授便投影了一幅倒挂的动物尸体解剖画,问道:"这是什么,请告诉我。"学生们先是狂翻书本,继而是面面相觑。

"苏蒂恩的《屠宰后的牲畜》，绘于 1925 年。"沃森教授笑着释解。

"教科书上没有呀！"学生们惊诧了。

"是的，的确没有。有异议吗？课外的知识也能有助于你们的思考。不容易接受，是吗？"沃森教授从前台走到学生中间，索性坐在后排的台阶上，倾听学生对这幅画的纷纷议论：

——"我不愿意称它为艺术，如此荒诞丑陋。"

——"有法则规定荒诞丑陋的就不是艺术？"

——"我觉得这里面富于侵略性和色情。"

——"对你们来说，任何事情都是色情的，任何事物都和色情有关。女孩们。"

——"难道不存在标准吗？否则，艳俗的天鹅绒画亦可等同于伦勃朗的杰作。"

——"我的叔叔就有两幅天鹅绒画，他爱死它们了。"

——"艺术是有标准的，需要技巧的，讲究构图、色彩以及主题。因此，你告诉我们这块腐烂的肉也算艺术的话，更别提还是艺术杰作，我们究竟要学什么？"

"感谢你为我们概括了教学大纲"，沃森教授说道，"什么是艺术？怎样区分孰优孰劣？由谁来判定？……请回到苏蒂恩的画，让我们的心灵为新的思想打开一扇门。"

没有驻足于第一课照本宣科的"完美"，沃森教授缔造了第二课没有标准答案，只有相互牖启对话的"不完美"。

笔者：照本宣科与灵动对话，表象看两者都是对话，无疑，后者的对话缔结的是真正的"师与生"的关系。换句话说，就是把课上到学生的心里去。我们怎样才能把教育做到孩子的心里去？

特级教师甲：关键是用心去做。一次，一位刚进入一年级只有 6 岁的小朋友，把自己写下的拙朴可爱的"某某小学"给我看时，我欣喜不已，看到了她对学校的喜爱，看到了她的童真、童趣。我说：可以用你写的字做校名吗？她高兴地说：当然可以！那一刻，我蹲下来，双手接过她的"题字"，从她的明眸里，我读出了她的幸福！教育不仅要做得细，还要做得入心。只有把教育做到孩子心里去，其生命才能幸福成长。

笔者：经历什么，并不重要，重要的是"孩子为学校题写校名"在其心目中形成了什么。对话简约而不简单，一如毕加索画公牛，只是寥寥数笔，却每一笔都体现出公牛的特征，把公牛的形象提炼得无以复加，这就是简约。

特级教师乙："'教科书上没有呀！'学生们惊诧了。'是的，的确没有。有异议吗？课外的知识也能有助于你们的思考。不容易接受，是吗？'沃森教授从前台走到学生中间，索性坐在后排的台阶上，倾听学生对这幅画的纷纷议论……"沃森教授唤醒我们，使我们认识到：简约教学的灵魂是对话。对话，是所有优质教学的本质。

笔者：简约是一种境界。毕加索画牛由"重"到"浅"，由"浅"到"简"，由"简"到"形"，由"形"到"神"，进入到绘画艺术领域里的最高境界。由心到心、以心印心、心心相印的简约对话，则是教学艺术的至高境界。

特级教师丙：由心到心、以心印心、心心相印的简约对话，激发了生命的潜能，唤起了生命的热情。当然，它需要教师"用生命温暖生命，用生命撞击生命，用生命滋润生命，用生命灿烂生命"。所以关注生命的对话是教育的使命。没有使命感的教育是盲目的，没有责任担当的教育是轻薄的。真正的教育不应片面追求所谓的效率和效益，重要的是要具有灵魂，具有坚定而明确的价值追求。

笔者：所以，在对话教学中，要像沃森教授一样，把学生当作课堂的生命主体，让孩子因为发展的即时感受表现为茅塞顿开、豁然开朗、悠悠心会、深得吾心；表现为怦然心动、浮想联翩、百感交集、妙不可言；表现为心灵的共鸣和思维的共振；表现为内心的澄明与视界的敞亮。若此，我们的课堂便会成为焕发主体生命活力的源泉，成为生命幸福成长的天堂。

特级教师丙：我们每天所面对的是一群群鲜活的生命体，是一个个对世界充满新奇感的心灵世界。我们有责任，也有理由把人性最善良、最美好、最纯真的东西植入孩子的心田，让孩子在渐渐成长的过程中凝聚"人情味"，富有同情心和正义感。尤其是在当今的社会教育背景下，我们的教育不能仅仅成为"训练"的代名词，成为考试的机器。培植学生生命的情怀，让生命的活力充分流淌，应该成为我们每个教师教学的自觉追求。

笔者：让我们再一次回到电影片段二：在卫斯理女子学院的一堂艺术课上，年轻而有活力的学生们在讨论苏蒂恩的名画《屠宰后的牲畜》时，提出了三个问题：什么是艺术？艺术的好坏由谁来判定？区分艺术好坏的标准是什么？我们不妨将这三个问题迁移到教育上，便可以引发我们的思考：什么是教育？生命主体是指什么？何为主体生命的幸福成长？请结合自己的教育教学实践，来谈谈对这三个教育问题的理解。

特级教师丁：首先，什么是教育？早在两千多年前，先秦哲学家庄子就给了我们最直观、最形象的解答。说某年春天，庄子和惠施决定种植一些葫芦苗，并约定在夏季收获时比比谁的葫芦长得更大、更漂亮。为了能种出更大、更漂亮的葫芦，惠施非常用心，几乎每天都浇水、施肥、锄草……结果呢，种的葫芦苗一棵也没成活；而庄子只是偶尔去看看，他的葫芦苗却长得格外好，慢慢地都开了花结了果。惠施很纳闷，就去请教庄子："为什么我如此用心，却一无所获，而你只是偶尔光顾，却能硕果累累？"庄子笑曰："其实我也在用心管理呀，只是我的方法与您的不同罢了！我用的是自然之法，顺应葫芦的生长规律，该浇水时浇水，该施肥时施肥。而你却不管它们的感受，拼命浇水，拼命施肥，哪有不死之理？"惠施恍然大悟。影片中的沃森教授在第一堂艺术课上，对要讲解的知识作了充分的准备，做到胸有成竹，结果却费力不讨好，最终落得个不欢而散。而当她调整了教学策略，将学习和探究的主动权交还给学生之后，情况却发了翻天覆地的变化。由此可见，真正的教育，应该是学生在教师的引导下，自然而然生成知识的过程；是智慧与智慧交锋，生命与生命交融，心与心对话的活动。

那么，生命主体是指什么呢？我想通过自己亲身经历的一件事来阐述自己的观点。两年前，某区小学调研，我观一位老师执教《长、正方体的表面积》一课，在巩固练习环节，她出示了这样一道题：求一长方体的表面积。学生中很快出现了这样两种答案：（5×5+5×10+5×10）×2，5×5×2+5×10×4。但也有一位男生列出了5×10×5的算式。对前两种算法教师给予了充分肯定，在讨论第三种算法时，这位男生的同学们达成了一致的意见：这哪里是在求长方体的表面积，这分明是在求长方体的体积！执教老师也附和道："哦，看来，是你把公式记错了。"我就坐在这位男生的旁边，在他入座的那一刻，我分明看到他脸上流露出的那一抹失望而羞涩的神情，似乎有话要说又不容置辩。下课后我询问那名男生为什么会列出这个算式，是否另有想法。他说："你看，前后左右有4个5×10，把上下两个面拼起来又是一个5×10，合起来不就有5个5×10了嘛。"多么新颖而独特的解法呀！很多时候，如果我们教师能设身处地地为学生着想，耐心地倾听学生的心声，长此以往，或许会给学生插上创造的"翅膀"；如果我们不能将学生的自然成长放在教育的核心位置上，势必会扼杀孩子创造性思维的天性。教育是"慢"的艺术，应该有"自然生长"的过程，更应该让"主体生命"体验到成长的幸福。如果教师只用"标准答案"去衡量孩子的学习结果，让学生的思维僵化在固定的模具里，那将是多么可怕的一件事！由此可见，教育应该是师生互动、生生互动的动态过程，"人"才是生命的主体。这里的人，是指学习活动的参与者，即教师和学生所组成的"学习共同体"。教师和学生都必须参与教学评价，教师在评价过程中是平等中的首席，应与学生平等地对话、自由地交流、耐心地协商。在这种氛围中，学生才能主动地参与、融入到评价中来。这正是影片中沃森教授教育的独到之处。

最后一个问题，何为主体生命的幸福成长？20多年的教育经历告诉我，幸福成长就是追寻本真自然！幸福成长就是追寻生命灵动！幸福成长就是追寻自由呼吸！这正是多年以来我所坚守的"数学生态课堂"的核心价值。所谓生态课堂，具体到数学学科上，就是让数学更有趣味，更有温度，更贴近学生的内心。那么，如何让数学教育也能遵循自然规律，让主体生命在"生态课堂"中体验成长的幸福呢？我进行了大量的实践，如在教学二年级《小统计》时，课前，我用一张海报引发学生的一次实践活动。海报的出现，激发了孩子们强烈的好奇心，当天下午，我便在二年级一个班开展了"T"行动实践活动，将自愿报名的学生组织起来，分成若干小组，然后向各个小组明确了要调查的内容（向周围的人了解最初掉牙时的年龄）、要调查的人数（不低于 20 人）、要记录的内容（记录各个不同年龄段掉牙的人数），并对小组合作调查的方法作了简单的指导。就这样，本节课在"T"行动实践活动中拉开了帷幕……这节课，我以一个现实的、自然的生活情境切入，基于低年级学生正在经历换牙这一特殊的时期，以一张"海报"，引出了一次实践活动，这个集数学、自然、社会等学科为一体的数学活动的"原型"来自学生的生活，是新颖的、鲜活的、生动的。这样的活动为学生提供了更多的探索时间和更大的探索空间，学生在活动中表现出了高昂的参与热情，教学效果良好。同样，影片中的沃森教授在第二次教学中，并没有照本宣科，而是在充分了解学情后另辟蹊径，巧妙地激活了学生灵动的思维。我想，这正契合了今日论坛的主题：尊重生命的主体意识，让孩子在自然的教育中幸福快乐地成长。至此，我们来回答：何为主体生命的幸福成长？我认为，在自然的教育状态下，在互动过程中让主体生命能够体验到成功和快乐就是幸福成长。

德国哲学家雅斯贝尔斯说："教育，就是一棵树摇动另一棵树，一朵云推动另一朵云，一个灵魂唤醒另一个灵魂。"风吹树动，斗转星移，是再自然不过的事了，而灵魂的唤醒才是教育的终极目标。我国古代思想家老子也在《道德经》里提出了"道法自然"的哲学命题，他认为人类一切行为最初的原点和最高的境界都是"自然"二字。我们所从事的教育事业也当如此，顺应自然，不急不躁，方能浑然天成。唯愿更多的教育同仁们永远怀着一颗赤子之心，让自我的生命也能在教育旅途中幸福快乐地成长。让我们一起秉承这样的梦想，同行自然之道，遍开智慧之花。

笔者：我们与电影《蒙娜丽莎的微笑》中的两个片段对话，彼此互相对话，与自己的教学对话，旨在将凝视的目光朝向自身，这使"我"对自身形成一种意识或认识。当我们有了这种自身意识，就会晓得，生命是活生生的当下。活生生的生命不在书本的描述里，思想不能抵达生命，生命自身抵达生命，生命仅仅存在于对自身的体验和经验之中。生命就是没有任何距离地直接体验自身的纯粹事实。将凝视的目光朝向自身的对话，鼓舞着异化世界的生命者回到真生命，这时生命才能得以幸福成长！

我们怎样与考"共舞"

如果教育者逃避"考试"而去约束自我,这是撤退。教育生活就是与考试共处,这是对话。教者不能逃避这种对话。我们要有你(考试)随时可以来找我对话,什么时候来都行的姿态。

一、考试分数可靠吗?

回答是否定的。然而,"被考试熨帖者"或许立马叫板:哪路大仙竟敢和考试对着干?

于是,又有一拨儿,双腿一软,跪在考试分数前,尽管他们对考试分数从不心服口服。

有意思的是一本名为《考试之考试》的小册子,讲述了英国一个教育委员会实验考试制度的报告:委员是有名的大学教授与教育家,将英国公学的同一套试卷,先后分给不同的专家去打分。最令人惊诧的是历史毕业考试的试卷。实验的结果是:把 15 张考卷给 14 位专家打分,结果有 40 种不同的分等。再使这批阅卷人相隔 12 个月之后,重新定同一考卷的分数,他们自己也先后不同,其中 210 张考卷中"及格""不及格"与"优秀"的分配,有 92 张前后不同。不及格的变为及格,及格的变为不及格。所以,这个报告的结论是:"很明显的,这种考试不能叫人放心。"

这早在 1936 年第 10 期的《宇宙风》中林语堂先生就披露过了。

谁又把它当一回事呢?

仿佛人人都觉得与自己无关，其实，只要条件允许，谁不上学？谁的孩子不上学？

弱者似乎一想到天塌压大家，考试考大家，就觉得心理平衡了，就感到相对公平了，就学会逆来顺受了。

"考而不死是为神"，但考而不死的"神"在哪里？

二、每门课考多少分才行？

记得孩子小时候练习小提琴，开蒙之曲便是铃木的。

那时，铃木就悄悄夺走了我的视线：

据说，铃木上小学的时候，日本的升学竞争就很激烈，所有家长关心的都是孩子的学习成绩。但铃木的爸爸对他的成绩要求却不高，每门功课只要考60分就行了。

"60分怎么行？"儿子不解地问，分数像座大山一样压得他有点喘不过气。

"60分怎么不行？"爸爸反问道，"60分就代表及格了，及格了就表示合格。你想想，工厂的产品合格就出厂了，既然你已经合格了，儿子，你没有必要把全部的精力耗费在争名夺利上。考第二名非要争第一名，考90多非要争100分，一次100分不够，非要次次100分。儿子啊，儿子，求知是人世间最大的欢乐，如果你成天想到的只是考试分数，那求知不就变成了一种无尽的苦难吗？"

铃木父亲一语道破了求学的最高目的，是培养孩子的求知欲。

儿子陡然觉得身轻如燕，兴奋起来了。但转念一想，不对，忍不住问道："爸爸，这样学习太轻松了，空闲时间做什么？"

"你永远记住爸爸的话，其他时间用来博览群书，把求知的欢乐还给自己。"老爸的话深深地印在铃木的脑海里，铃木就按照老爸的教导，在功课上花的时间不多，学习成绩中等。而读过的课外书是全班同学的十几倍，从中体验到学习的愉悦。他在阅读大量的课外书籍后，感觉到还要读天理：读每个生命——这本无字的天书，读大自然——这本无字的百科全书。

后来，铃木成功了，他创立了世界著名的"才能教育研究会"，发明了铃木教学法，成为著名的教育家，其教育理念引发了世界范围的教育革命。

三、教师可以消弭考试主宰吗？

1964年，在接受审判时，曼德拉坚定地说道："我同白人主宰作斗争，也同黑人主宰作斗争。"刈除任何借口的主宰，珍视现实的民主与灵魂的自由，可能不仅是曼德拉一个人的梦。消弭教师主宰、考试主宰，在教室里就可以做到，只要你愿意并付诸行动，哪怕每节课只改变一点点，都是向"完美教室"或者"完美学校"迈进了一大步！

四、能逃出考试的死亡谷吗？

死亡谷是全美最热最干旱的地带，那里没有任何生物可以存活。因为那里从不下雨，所以谓之死亡谷。2004年冬天，死亡谷却下起了雨。短时间内降雨量达到了七英寸。2005年冬天，那里出现了这样一种景色：整个死亡谷铺满了鲜花，并持续了一段时间。这证明了一点：死亡谷并非没有生命，它只是在休眠。地表下潜伏着的种子，待条件成熟便伺机而发。有机系统内，只要有适当的环境，生命的出现不可避免，这是自然规律。你选择一个地区、一所学校、一个班级，你改变环境，让人们对可能性有了不同的感受，对希望有了不同的期许，机遇也更广泛。你珍视并重视师生之间的情谊，你给予人们自主权来发挥创造力，革新他们的思想。学校里曾一度缺乏这种生机盎然。卓越的领导者很清楚这一点：在教育体系中领导者的真正作用，无论在哪个管理层级上，不是指挥与控制，而是控制教育风气，制造一种充满可能性的倾向。如果你这样做了，人们便会追随，实现你预料不到，甚至不曾期待过的成果。富兰克林有言，世界上有三种人：第一种人雷打不动，得不到是因为他们不想要，他们力求不变；第二种人，伺机而动，他们认识到改变的必要性，准备去做；第三种人先发制人，他们主动让事情发生。如果我们能鼓励更多的人去改变，那将会成为一场运动。如果这场运动有足够的执行力度，那将是一场革命。而这不正是我们所需要的吗？

向音乐老师学示范

喊破嗓子，不如做出样子，示范是草根，也是最接地气的一种对话艺术。小学语文老师，尤其是低段语文老师，要善于向音乐老师学习。

一、学什么？

第一，学习音乐老师的副语言。

副语言，又叫身态语言，是指除语言以外的面部表情、手势动作、身体姿态等表达手段，这些表达手段也叫副语言表情手段。副语言愈丰富，老师的表现力愈显得有激情而感染人；副语言愈丰富，老师的亲和力愈显得有磁性而吸引人。相比较而言，音乐老师的副语言系统是丰富的。

第二，学习音乐老师的示范。示范，就是做出某种可供学习的典范。换句话说，就是做个样子给大家看看。音乐课上，音乐老师常常会做出一些充满感染力的示范，即范唱、范奏、范演，等等。

二、怎么学？

1. 完整示范

在新课之始，音乐老师往往会通过范唱、范奏来揭示音乐作品的主题、形象、思想感情、风格、情绪、表现手法、速度、力度等。所以，完整示范是通过老师的示范和学生的耳闻目睹，让学生对新的歌曲、乐曲有一个全面的、完整的印象和了解。

日本教育家铃木激发儿童学琴的兴趣和动机靠的就是示范。一开始，他并不让儿童拿琴，只是让他们在拉琴的学生旁边玩；玩着玩着，发现别人拉琴那么有趣，声音那么动听，便不由自主地走过去，站在旁边听，产生了学习的动机。有了动机，铃木才逐渐教他们。

读课文亦然，对于一篇陌生的课文，怎样才能保证低年级的每个孩子都能读得正确、流利？喊破嗓子，不如做出样子。老师先范读，让学生整体听一遍。读得好，学生自然想去模仿，模仿是孩子的天性。

譬如，《两只小狮子》全文181字，课后要求会认会写的生字18个，也即课文中每10个字就出现1个生字。对一年级的孩子来说，要在最短的时间内，人人都能够达到读正确、流利，最高效的办法就是先入为主地听老师范读，老师声情并茂地范读，在第一时间内就可以把最好的语感即时传染给学生，学生自然会受到潜移默化的影响，进而会情不自禁地去模仿。

2. 重点示范

在教学中，老师针对不同的歌曲，可将一首歌中难唱的旋律，某些难咬的字词作出重点示范，除此之外，还可以将某些歌曲、乐曲的演唱、弹奏风格、表现力等作出重点示范。

不同的课文，重点也不一样。譬如，《两只小狮子》中的第二自然段："一只小狮子整天练习滚、扑、撕、咬，非常刻苦。另一只却懒洋洋地晒太阳，什么也不干。"其中，"滚、扑、撕、咬"就要重点示范。

从用力方向看：

"滚"——向前；

"扑"——向上；

"撕"——向外；

"咬"——向内。

从战略战术看：

"滚"——快速接近目标；

"扑"——凶猛袭击目标；

"撕"——残酷扯裂皮肉；

"咬"——凶狠咬断骨肉。

读出其中隐含的物竞天择、弱肉强食、适者生存的凶猛、残忍与血腥的杀机。

……

3. 难点示范

音乐课上，老师常常对新作品中技巧性比较强、难度比较大、学生难以掌握的地方进行示范。它主要是防止学生在演唱、弹奏中出现不必要的失误。它在教学过程中往往起着画龙点睛的作用。因此对难点的示范更需要生动、准确、形象，以引起学生的重视。

指导学生有感情地朗读课文无疑是个难点，倘若老师只是从道理上讲应怀着什么感情读，如何突出逻辑重音，哪里应该读得快，哪里应该读得慢……是不够的，小学生（特别是低年级学生）理解不了那么多。而且"强加"的东西只能是"外在"的。俗话说：说十遍不如做一遍。老师范读一下要现实得多，有效得多。

《两只小狮子》一文中的"三问三叹"，其中的情感再现是个难点：第一问第一叹，读出小狮子怕吃苦的懒味儿；第二问第二叹，读出小狮子有靠山的傲味儿；特别是第三问第三叹，既要读出母狮子的批评，又要读出她为孩子以后着想的爱心。

课后"我会写"的六个生字，要求学生写好，单靠口头讲不行，必须示范——一个一个写给学生看。如果老师写得规范、美观、大方，自然会感染学生，学生也自然会喜欢写字。当然，从"描红"到"临写"难度比较大，老师不仅要一丝不苟做好示范，如果有必要，还要手把手地教学生写。

临课也是一种对话

有些经典的好课,是可以"临摹"的。临课也是一种对话,其对话的艺术在于:用心发现经典好课的所为和所不为,以及它为身边的教学增加了什么。

一、临课对话

笔者:很快就要开学了,你们新学期一年级的第一课打算怎么上?

教师甲:还没有想好呢!

教师乙:常规教学吧。

笔者:开学第一课,能否突破常规,有所创意呢?

教师甲、乙:请孙老师指点迷津。

笔者:推荐你们用心与《人生第一课》(文本内容参见本书第66页)对话,来一次临课怎么样?

教师甲、乙:(欣然应允)好!

二、临课经过

开学第一天,甲、乙两位教师合作把刚入学的孩子带到了走廊中,并邀请了每位学生的家长,大家一起来上"开学第一课"。

干干净净的乳白色瓷砖地面上,教师、孩子、家长席地而坐。教师的背后临时搭建了一个书架，上面放着一排整齐的图书。

铃响了，教师甲微笑着说："孩子们，我给你们讲个故事吧。"

"耶——"孩子们立刻兴奋起来。

"知道这个故事写在哪里吗？"讲完故事，教师甲神秘地问孩子。

孩子们摇摇头。

一阵音乐响起，教师甲背后的书架上突然亮起了一串灯。（教师乙相机打开开关）

倏地，孩子们把目光聚焦到书架上。教师甲转身顺手取下一本书，接着说："故事就写在这本《安徒生童话》里。这本书里，还有许许多多好听的故事呢，想听吗？"

"想听！"

"你们每个人都是一本故事书，能不能讲一个给老师听，给爸爸妈妈听？"教师甲说，"你讲故事，爸爸帮你记录，妈妈帮你画画，好不好？"（教师乙给家长提供纸笔等文具）

孩子讲故事，爸爸忙记录，妈妈忙画画……地上，三个一群，五个一堆，忙得不亦乐乎……

这时，有一个孩子落单了（她是一名孤儿）。教师甲帮她记录故事，教师乙帮着画插图。

十分钟过后。"孩子们，像这样封皮上写上讲述者、记录者和插图者的姓名，最后写上日期，封皮、故事、插图，我们依次用订书机将其订好。"教师甲边说边把手中的书高高举起，"孩子们，这就是你们人生的第一本书——和爸爸妈妈合作完成的第一本书。你们人生的第一本书，可以放在班级的书架上，也可以带回家放在你的书柜里。"

三、临课感言

孩子们：

——好玩！

——过瘾！

——老师，什么时候上下节课啊？

……

家长们：

——我们上学的时候，怎么没遇到这样的老师呢？

——孩子、爸爸、妈妈，一同上课，一生难忘！

——这样上课，很灵活，很有趣，很开心，孩子很快乐，老师很幸福！

……

执教者（甲）：

今天，我执教了《人生第一课》。上完这节课，给我的最大感受是：学生快乐，我也快乐。

这节课，学生走出教室，没有桌椅，席地而坐，喜欢怎样坐就怎样坐，再也不用规规矩矩地坐好，老师也不需用命令式的口令让学生坐好，学生身心自由。

这节课的流程是"老师讲故事——孩子讲故事——爸爸作记录、妈妈画插图——亲子合作一本书"，孩子学得愉快、学得轻松，老师也教得轻松。

（1）这节课真正关注了孩子的兴趣。

兴趣是孩子学习的第一动力。每个孩子都喜欢听故事，不管在听老师讲故事，还是听同学讲故事的时候，他们都把腰挺得直直的，眼睛睁得大大的，听得兴趣盎然。

（2）这节课真正关注了孩子的爱好。

听故事和画画都是学生最喜爱的，在课堂上，他们有的趴在地板上，有的把两腿翘得高高的，自由自在地画画，想怎样画就怎样画。课堂上荡漾着一片欢声笑语，多么轻松，多么自由啊！此时此刻，我明白了我们的美术老师为什么这么受小孩子的欢迎了，孩子为什么这么喜欢上美术课了。就拿我校的美术老师喻老师来说，每次孩子见到他，并不是叫喻老师，而是叫"老喻米"，还拉着他的衣角，不停地问："你什么时候给我们上课啊?"这一切都因为孩子喜欢上他的课,才这么喜欢这位老师,令我羡慕不已。今天,我也能当一回真正受孩子欢迎的老师,因为我上了一节孩子喜欢的课,我顾及了孩子的感受,了解了孩子的爱好,给他们带来了想象的空间,给他们带来了快乐,也给自己带来了快乐。孩子的童真回来了,我的童年回来了。

(3)这节课真正关注了孩子的需要。

上了课,我作了问卷调查,全班的孩子中,只有一人不喜欢这样的课堂,其余的都是非常喜欢,他们喜欢的原因多数是可以听故事、讲故事、画画和做小书。从以上的事例和数据来看,孩子需要这样的课堂,他们喜欢这样的课堂。可是,当下的课堂多数只顾成人的感受,而忘却了孩子的存在。难怪我们的孩子很少感受到上课的幸福。这一点真的值得我们深思,我们应如何改变现在的教学模式?如何从孩子的兴趣入手?如何顾及孩子的需要?

四、临课思考

通过临课,习得好课的流程,揣摩好课的理念,哑摸好课的文化,咀嚼好课的哲理,领悟好课的艺术,自不待言。重要的是,临课不是临课型,而是临课魂。

课魂,就《开学第一课》而言,就是老师把孩子们集体创造的"书"高高地举起来:"瞧,这是你写的第一本书,写书并不难。你们还小,所以只能写这种小书;但是,等你们长大了,就能写大书,就能成为伟大的人物。"课魂,就"人生第一课"而言,就是老师潜移默化"灌输"的创造意识。这种创造意识的"种植"不就是一种教学对话艺术吗?

这种教学对话艺术,使得教师与学生都"生活在理想的世界,也就是把不可能的东西当作仿佛是可能的东西那样来处理"(歌德语)。临课教师与学生真正地生活在"理想"的教学对话世界里,大家一起向着"可能性"行进,而不是被动地接受他者给予的"开学第一课"这一

"事实",从而永远不能超越"现实性的规定"。

这种教学对话艺术,使得教师与学生在创造性的活动中,成为真正意义上的人。在卡西尔看来,人没有什么与生俱来的本质,也没有什么一成不变的人性,人的本质是永远处在创造之中的。

这种教学对话艺术,使得教师与学生通过集体"出书",为创造的可能性开拓了地盘,以反对对当前极端功利教学的消极默认。当然,师生集体"写书"的教学对话艺术绝不是"悠闲的"。当然,临课的艺术并不发生于一种软化或放松的"依葫芦画瓢"或者"克隆"的教学过程中,而是在我们全部教学对话的生命活力的强化中,每个对话者,都全神贯注,沉浸在有所为和有所不为的"出书"游戏中。"只有当人成为完全的人时,他才游戏,也只有当人游戏的时候,他才完全是人。"(席勒语)

对话艺术有答案吗

考试有答案，艺术无答案。如果学生艺术答卷，教师能艺术批卷吗？这考验着我们的努力与选择、心智与创造。

教学生活没那么复杂，种豆与"创课"或许都得瓜，你敢创，世界就敢回答。

某校一年级期末考试试卷最后的压轴大题是"看图写话"——黑白图上，树叶飘零，一人推车，两人扫除。一个孩子写道："今天上午，我和妈妈、姐姐一起把爸爸的 shī 体运到山上去。把爸爸的 shī 体 mái diào。"

这个孩子的思维肯定不是传统意义上的学霸思维。书有黛玉葬花，卷有孩子葬叶，他的视域里一片落叶一片情，片片都是他老爸……

有人说，语言有两种功能：与他人交谈和与自己交谈。显然，这孩子是在试卷上与自己交谈。

孩子为什么在试卷上与自己交谈？

与自己交谈的孩子除了斩获不掖着藏着，想说啥说啥的畅意，一定还有一种关乎爸爸的刻骨的"过往"经历。因为语言是从一个人的过去到一个人的现在的表达。它是与过去的实在紧密相连的感觉在现在的再现。

这样说起来或许很复杂，应试可管不了那么多，复杂的问题简单化，大笔一挥：孩子这道题得了零分。

分数面前，考试评价胜利了，孩子的艺术创造语言却失利了。

《奥义书》曰:"语言是梵。"依我看,孩子的艺术创造语言是最大的梵。梵是什么?觉悟者即梵。梵示,语言是人类天才的胜利!天才的标志是创造。

人类的精神活动和人类的语言彼此创造。如果我们想肯定语言的产生是一个给予的事实,那说人类的心灵是语言给予人类的礼物就一点不过分。

这个一年级孩子给我们创造的心灵礼物,为什么不被笑纳?

记得剑桥三一学院前院长休厄尔博士有首路人皆知的诗——

我是这所学院的主事,
我所不知道的东西,
就不是知识。

在《学术作为一种志业》里,韦伯尖刻嘲讽"领国家薪水并享有特殊地位的教授"在课堂里扮演先知或救世主的角色,认为这类表演使年轻人无法认清一件基本事实:"今天人的命运,是要活在一个不知有神,也不见先知的时代。"教授扮演假先知的罪恶后果,就是掩饰这个重要事实,让人继续靠幻觉生活,结果无法为自己的价值抉择负起严肃的责任。

不仅在大学,这种扮演假先知的态度在基础教育的一些校园与教室里,在一些标准答案与应试教育中,一直甚嚣尘上,而又"理直气壮""气吞山河"。

它使多少"天马行空"的想象与"越过雷池"的艺术思维折戟与枯竭,进而阻断了创新与进步!

一个没有创新与进步的时代是一个"忘在"的"贫困的时代":大地荒芜,现存的一切无条件地物化,人面临"无家可归"的境地。人的"存在"渐渐被边缘,被放逐。因为"存在"本身必须通过言说才能自我展开,因此"语言是存在的家"。从此出发,人是语言的信使,人的存在是语言的自我存在的一个生动的场所。语言的自我论说过程,正体现在人的"此在"的自我展现过程中。而"此在"的自我展现过程，又是通过语言自身在存在中的自我论说，而获得了它的本真的意义。然而，极端的应试统考，允许孩子自说自话吗？允许孩子艺术地创造语言吗？允许孩子"通过语言自身在存在中的自我论说"吗？允许孩子以人自身"存在"的思维方式存在吗？

　　唯有死者，才能在我们的身体里，学会诚实地使用语言。已经都这样了，竟有不少拥趸认为，科举存在了千百年，应试是最公平不过的教育传统艺术。

　　公平不公平自有公论，艺术不艺术"自由"议论。难道传统的流行感冒让所有人都感冒，就是最公平不过的传统感冒艺术？

　　艺术的传统不是做传统的艺术，传统也都是一些人"想象"经历的记录。艺术是持续了几千年的对话，但不要重复已经说过的话，更不要重复"过去"的故事。学习艺术除了要对自己的话语与行为有所警觉，还要跳出标准答案的藩篱，"艺术是不讲答案的噢"（哈内克语）。况且"应试教育"是如此脆弱，更多地维系于偶然而非必然，更多地接近人愿意的而不是理性确立的东西，更多地取决于复杂而又暂时的历史偶然，而非不可避免的人类学的恒量。王尔德说："All art is quite useless."（所有的艺术都无用。）真正的艺术不是功利的，一如那个孩子看图写话，与功利无染，不投应试所好，哪怕它是滑稽的，荒诞的，也是原创的生态思维艺术。每个成人的内心都住着一个孩子，我们要唤醒心中的孩子，敢于在非功利的空间里，"触处思量遍"，"面对时代宿命的肃杀面容"而犹贾勇自持，尽情表达自己的不安和困惑，直面愚钝甚至是失败。对于应试教育，只要"你敢创，世界就敢回答"。这才是真正的教育人生艺术。尽管艺术在现实生活中扮演了并不实用的角色，但并不意味着它不重要。纵欲者靠奢侈的希望而生，不敢正视希望破灭的事实；虚无者放弃一切希望，不敢在废墟中再有所坚持。当你软弱而无力承担时代所提供的机会与责任，缺少教育激情与创造的时候，它总是第一时间挺身而出："需要能量吗？给你！"

评课对话是一种慰藉的艺术

评课,要在对话中进行。这样评课,就是一种爱。爱不是只把人性中最好的一面展现给对方,也把最柔软脆弱的部分坦露,并坚信会得到慰藉而不是伤害。换句话说,即使是给了你"摧毁"被评者的权利,相信你永远不会使用此权利。

某特级教师工作室开展教学活动,邀我听一听一位成员老师执教《荷叶圆圆》。执教老师完全靠点击"商品课件",亦步亦趋地走流程。

"我'爱'教学。"课毕,说课时执教老师很坦诚,"目前我能做到的就是这样……尽管课文看起来很浅、很浅,但并不是课文越浅,越能读懂。这篇课文,我压根儿没有读懂……我'把最柔软脆弱的部分袒露',相信孙老师会给我慰藉而不是伤害……"

"好一个'给我慰藉而不是伤害'!这是我从你这里学到的一个很好的评课道理。"我相机与她对话,"有时候,有的评课,常常可以'摧毁'一个人啊!"

"这个,我懂!但是,即使给了你摧毁我的权利,相信你永远不会使用此权利。"

"那你希望我做什么?"

"相信孙老师会给我慰藉而不是伤害……"

"你能得到的最大'慰藉'或许就是——我们一起与文本对话。"

"太好了!"

"与《荷叶圆圆》对话,我们不妨这样行走:由浅入深—深入浅出—

出神入化。"

一、由浅入深

"像《荷叶圆圆》这样浅显的课文,教师与之对话,要有一个意识——由浅入深。"

"为什么呢?"执教老师问。

"不入虎穴,焉得虎子!"

"由浅入深,'深'指什么?"

"'深',就是文本解读的背景博大精深。"

"怎样入深?"执教老师饶有兴趣,"其抓手是什么?突破口在哪里?"

"提领而顿百毛皆顺。"我看到她有点疑惑,进一步阐释,"根据文本的特点,其抓手在课题——荷叶圆圆,我们可以从题入手;其突破口在题眼——圆。"

"圆,是什么?"

"圆是人类心灵的图腾,是人类精神的一种寄托与慰藉。"我把背景放大,"佛教,崇尚'圆'。他们把佛理称为'圆妙',把死亡称为'圆寂',把生死称为轮回,把圆通无碍视为认识的最高境界。道教,其象征符号无极图就是'圆'。老子描述了一个生动而具体的'圆':'视而不见、听而不闻、博而不得,混而为一……支配万物,包容一切。'儒教,讲究人与天地万物为一体,人者与天地和其德,与日月和其明,与四时和其序,就是一个天地人合一的圆。达到天地人合一就进入了圆的美妙境界。总之,人无论是追求圆的宁静,还是圆的流动,都是圆式思维的表现。"

"哦!"执教老师恍然有悟,"《荷叶圆圆》,不就是圆式思维吗?"

二、深入浅出

"由浅入深,是进入;深入浅出,是返归。"我说,"它们是双向互通的。"

"浅出，这个'浅'有没有一个'度'呢？"

"浅，要恰如其分，适时、适中、适切、适人，才适度。"

"怎样深入浅出？"执教老师说，"能结合《荷叶圆圆》谈谈吗？"

"一深入：宇宙是一个统一的整体，事物与事物之间、一事物与其他一切事物之间都是圆融无碍的。

"一浅出：荷叶和小水珠、小蜻蜓、小青蛙、小鱼儿是一家。荷叶是个大庭院，小水珠、小蜻蜓、小青蛙、小鱼儿各有各的房间，谁也不妨碍谁活动。

"再深入：圆是一，一个整体。它是安定的，圆满的。

"再浅出：荷叶圆圆的，绿绿的——绿绿的家安定、美满。

"又深入：与圆的安定相对应，点是生动的、鲜活的、逼真的、立体的。

"又浅出：小水珠躺着、小蜻蜓立着、小青蛙唱着、小鱼儿游着，多么舒服，多么安稳，多么快活，多么自在……"

"荷叶安定了，小水珠才能躺得舒服，小蜻蜓才能立得平稳，小青蛙才能唱得欢喜，小鱼儿才能游得快活。圆和点有关系啊！"执教老师突然发现，"舒服、安稳、快活、自在，一个个点，加起来不就是一个美好的圆吗？"

三、出神入化

"你这时的深入浅出的'浅'不再是浅尝辄止的'浅'，而是由博返约的'浅'，大道至简的'浅'，醍醐灌顶的'浅'。"点赞了执教老师的开悟，我叩问，"深入浅出，为了什么？"

"为了教得出神入化！"执教老师很有颖悟力，"这种境界得多高啊！能不能说得通俗一点呢？"

"'出神入化'，是仰望星空，更是脚踏实地。'出神'意味着教出人文精神;'入化'意味着,富有教学变化。我们可以创课,创设更接地气的教学。

"譬如,全员介入,读中体验。

"朗读:'荷叶圆圆的,绿绿的。'

"形体:全体同学围成一圈又一圈,从内到外慢慢后退,圆圈越来越大。

"体验:荷叶很大、很大、很大,很绿、很绿、很绿……向四面八方扩大、扩大、扩大,变绿、变绿、变绿……荷叶很空、很空、很空,容得下很多、很多、很多……荷叶很静、很静、很静,很定、很定、很定……荷叶很美、很美、很美……荷叶就是一个很美的大家园!

"宗旨:体验荷叶圆圆,圆圆为一,天衣无缝,完美无缺,八面来风,全面开放。

"再如,自选动作,个性创造。

"学生可以任选角色,可以是'小水珠、小蜻蜓、小青蛙、小鱼儿'中的任何一种,边读白,边扮演自选的角色。

"——'荷叶是我的摇篮。'小水珠躺在荷叶上,眨着亮晶晶的眼睛。做出'躺'的动作,体现舒服的心情。

"——'荷叶是我的停机坪。'小蜻蜓立在荷叶上,展开透明的翅膀。做出'立'的动作,体会安稳的情态。

"——'荷叶是我的歌台。'小青蛙蹲在荷叶上,呱呱地放声歌唱。做出'蹲'的动作,表达快乐的神情。

"——'荷叶是我的凉伞。'小鱼儿在荷叶下笑嘻嘻地游来游去,激起一朵朵很美很美的水花。做出'游来游去'的动作,表现自由自在的样子。

"意旨:体现万有之合而为圆,圆为一。'一中有多'——荷叶上面有小水珠、小蜻蜓、小青蛙,荷叶下面有小鱼儿;'多中有一'——小水珠躺在荷叶上,小蜻蜓立在荷叶上,小青蛙蹲在荷叶上,小鱼儿在荷叶下游来游去;'一多一体'——荷叶和小水珠、小蜻蜓、小青蛙、小鱼儿是一家;'多多圆融'——小水珠、小蜻蜓、小青蛙、小鱼儿平等地玩乐在荷叶这个大家庭里,大家密不可分。万物生于水而归于水。荷叶上面有小水珠,下面有水塘,荷叶离不开水,小蜻蜓、小青蛙、小鱼儿,也离不开水;同样水也离不开万物,万物涵养着水。

"荷叶是圆,圆就是点。圆和点是相通的。任何一个圆,在比它更大的圆面前只是一个点;相反,任何一个点,在比它更小的点面前,就是一个圆。

"荷叶圆圆,圆是一种和谐,是与小水珠、小蜻蜓、小青蛙、小鱼儿的一种和谐,是和而不同,不同而和,和和美美,美美与共,共享美好!"

……

"孙老师,我把自己教学中'最柔软脆弱的部分坦露'——的确没有心力读懂《荷叶圆圆》,坚信'会得到慰藉而不是伤害',我的期许实现了!"执教老师的眼睛炯炯有神,"与其说您在引领我与文本对话,不如说我们是在进行一次陌生的旅行—— 一次从已知世界到未知世界的旅行,跟陌生世界的精神相遇,跟您的精神相遇,跟未知的自己相遇。相遇,让我成为最好的自己!"

你我都能成为对话的觉者

对话的美丽在于你我都能成为对话的觉者。

期初"网研",一线教师选择了《月光曲》《少年闰土》等文本与我对话。

黄老师说:"孙老师,您作为对话教学的开创者与践行者在全国小语界享有盛誉。您与文本对话的案例,总能引领我们向'青草更深处漫溯'。我现在正准备公开教学《月光曲》,向您讨教,怎样有深度地与该文本对话?"

我的建议是:一篇好的教学文本,往往都有一条潜在的文脉,《月光曲》也不例外。如果以"静"为线索,我们应当能感受到《月光曲》一文的脉动,即"幽静—清幽—恬静"。不妨依着这条线索与文本对话。

首先,"地上幽静"在文本中是怎样体现的?

(1)幽静的小路。

这让我们想起"曲径通幽",想到小镇环境的幽静。

(2)环境幽静,贝多芬才可以听到"断断续续的琴声"。

环境幽静,可以让人心幽静。

(3)内心幽静,贝多芬才可以眼睛向下,走近茅屋。

内心幽静,可以让人的灵魂幽静。

(4)灵魂幽静,贝多芬才能拓展他内在世界的空间,才能从兄妹的对话中汲取创作的灵感。

其次,"天上清幽"在文本中又是怎样呈现的?

"月光照进窗子,茅屋里的一切好像披上了银纱,显得格外清幽。贝多芬望了望站在他身旁的兄妹俩,借着清幽的月光,按起了琴键。"黄老师的朗读声情并茂。

我接着说:贝多芬曾说过,"扣人心弦的东西只能来自天上"。(《艺术之魂》)"月光照进窗子,茅屋里的一切好像披上了银纱,显得格外清幽。"清幽的月光来自天上,清幽的月光来到贝多芬的心里。"精神的应该超出尘世,然后才能上升到它所来自的源泉"(同上),于是,借着清幽的月光,贝多芬按起了琴键。

最后,为什么"人间恬静"写在盲姑娘的脸上?

按常理,一所茅屋,一架旧钢琴,一对穷兄妹,他们愁眉苦脸才合乎逻辑,哪来恬静的脸呢?让我们走进《月光曲》:

音乐语言是最虚幻、最无形、最空灵的。它不能用眼看,不能用手摸,也不能用鼻子闻,更不能用舌头尝,只能用耳听。不仅要用肉耳听,更要用心耳听,即用心灵去听,去感受和体验:地上路静,天上月静,屋里人静。静,成为天人合一的交感呼应;静,成为文本隐性的脉动。与其说《月光曲》是一支曲,不如说它是一种"力"。

(1)这是一种有"方向"的力。

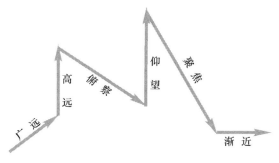

力的"方向"

面对着大海——广远;

月光正从水天相接的地方升起来——高远;

微波粼粼的海面上,霎时间洒满了银光——俯察;

月亮越升越高,穿过一缕一缕轻纱似的微云——仰望;

忽然,海面上刮起了大风,卷起了巨浪——聚焦;

被月光照得雪亮的浪花,一个连一个朝着岸边涌过来——渐近。

(2)这是一种富于"流变"的力。

面对着大海——静态;

月光正从水天相接的地方升起来——徐动;

微波粼粼的海面上,霎时间洒满了银光——频动;

月亮越升越高,穿过一缕一缕轻纱似的微云——跃动;

忽然,海面上刮起了大风,卷起了巨浪——暴动;

被月光照得雪亮的浪花,一个连一个朝着岸边涌过来——涌动。

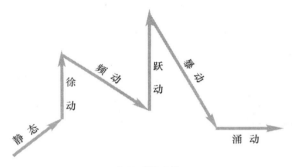

力的"流变"

(3)这是一种不断"转化"的力。

面对着大海——原来面对的是看不到希望的迷茫大海;

月光正从水天相接的地方升起来——象征希望的明月升起来了;

微波粼粼的海面上,霎时间洒满了银光——心海洒满希望;

月亮越升越高,穿过一缕一缕轻纱似的微云——希望如月步步高;

忽然,海面上刮起了大风,卷起了巨浪——生活常有不测风云;

被月光照得雪亮的浪花,一个连一个朝着岸边涌过来——敢于直面,待到风平浪静后海阔月更明。

《月光曲》中的这种力陶醉了兄妹俩,感染了盲姑娘,她从中找到了精神的家园,她的心里充满平静、平和、安详,她的脸上写着恬静……

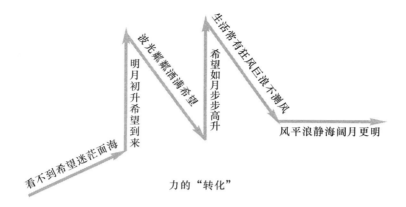

力的"转化"

接着,李老师接过话题:"聆听孙老师与《月光曲》的深度对话是一种美的享受,这不禁让我想起德国作曲家马勒的妙语:'我们的音乐所演奏出来的,归根到底不过是整个人,也就是感觉的人、思想的人、呼吸的人、遭难的人。'人有许多个侧面,当呼吸的、思想的和遭厄运的我占上风,我们就特别渴望遇见贝多芬,遇见他的《月光曲》。我很喜欢《少年闰土》这篇传统的老课文,但是怎样与之对话,才可以推陈出新呢?"

"这篇课文,哪一段留给你的印象最深刻呢?"我问。

"让我过目不忘的是课文的第一自然段——'深蓝的天空中挂着一轮金黄的圆月,下面是海边的沙地,都种着一望无际的碧绿的西瓜。其间有一个十一二岁的少年,项带银圈,手捏一柄钢叉,向一匹猹用力地刺去。那猹却将身一扭,反从他的胯下逃走了。'"

"好。"我相机展开,"我们以此段为例,说说怎样才能有创意地与之对话。譬如,第一句'深蓝的天空中挂着一轮金黄的圆月',作者着笔的方位是天空;'下面是海边的沙地,都种着一望无际的碧绿的西瓜',描写的方位是沙地;'其间有一个十一二岁的少年,项带银圈,手捏一柄钢叉,向一匹猹用力地刺去。那猹却将身一扭,反从他的胯下逃走了',描写的是人物。这就是'天地人'合一。"

"天地人"是怎样合一的呢?不妨这样引领学生与文本对话——

师:请读第一句的前半部分——

生:"深蓝的天空中挂着一轮金黄的圆月"。

师:圆月的颜色是?

生:金黄。

(课件出示:一轮金黄的圆月。)

师:请读第一句剩下的部分——

生:"下面是海边的沙地,都种着一望无际的碧绿的西瓜"。

师:西瓜的颜色是?

生:碧绿。

(课件出示:碧绿的西瓜。)

师:请读第二句——

生:"其间有一个十一二岁的少年,项带银圈,手捏一柄钢叉……"

师:闰土脖子上的项圈颜色是?

生:银。

(课件出示:项带银圈的闰土。)

师:金黄、碧绿、银白,天地人色彩合一。

……

接下来,你不妨这样引领学生与文本对话:

先出示课件(见下页上图),再让学生完成填空:月亮的形状是( );瓜地里西瓜的形状是( );闰土脖子上的项圈的形状是( )。从而领悟到"天地人的形态合一"。

然后,再投影课件(见下页下图),接着师生对话:

师:孩子们,我们仰望天空——

生:天心月圆。

师:我们俯视沙地——

生:地心瓜圆。

师:我们凝视闰土——十一二岁的少年,项带银圈,手捏一柄钢

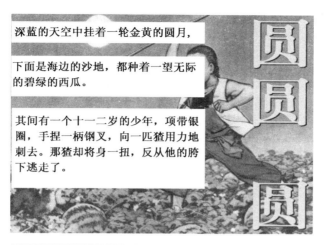

叉……30多年后，闰土的形象依然深深刻在我的心里，那是一种——

生：人心情缘。

师：天心月圆——地心瓜圆——人心情缘，天地人情态合一。

这样与文本对话，我们既知道了写什么——"天地人"，又知道了怎样写——"天人合一"。那么，文本所蕴含的"天人合一"的人文情怀便得到内化，成为一种真正意义上的精神滋养。

与《少年闰土》的文本对话一结束，林老师接着说："《威尼斯的小艇》执教完毕，您微笑着对我说：'晓珊，请邀请你班上赵海兰同学过来一下。'于是，就有了您与学生的一段对话。"

孙建锋：知不知老师为什么找你来？
赵海兰：不知道。
孙建锋：你坐在教室比较靠后的位置，林老师写完板书的时候，我问你有没有问题。你说没有。后来我近距离拍下了林老师的板书。你看出问题了吗？
赵海兰：老师写威尼斯的尼的时候，把尼底下的匕写成七了。
孙建锋：当你看到老师写错字的时候，你心里是什么想法呢？尽量说出来。
赵海兰：我觉得老师是太紧张了，才会出现这样的错误。
孙建锋：多好的学生啊，对我们老师那么宽容。那你下课的时候有没有去指出老师的错误啊？当时老师是什么反应啊？
赵海兰：我悄悄地告诉老师，指给她看，老师本来是面带笑容的，后来老师脸红了。
……

有人说："怀揣空门的心，遁入文本；谦卑与文本对话，洗心；放达与文本对话，拓心；朦胧与文本对话，筑心；超拔与文本对话，颐心。我们是对话的过客，我们在对话中寻觅，我们在对话中禅思，我们在对话中拂尘，我们在对话中筑净，我们在对话中逍遥，我们在对话中流连忘返……"

"林老师充满对话情怀！"我说，"愿我们在对话中美丽，让我们成为对话的觉者！"

创课，创点在"课眼"

戏有"戏眼"，课有"课眼"。如果说"戏眼"是剧情发展中令人过目难忘的独特场面，那么"课眼"则是教者根据文本的精华所在或关键之处而创设的课堂教学的切入点、聚焦点，更是学生知识、技能、情感态度价值观的生长点。"课眼"，在流动生成的教学中，不可能绝然是固态的，有可能是液态的，甚至是气态的。创课，创点在"课眼"，意味着敏锐地捕捉预设中生成和生成中预设的"课眼"，创造性地开发教学资源，激发和培养学生的创新意识与创造活力。试以《雪地里的小画家》的教学为例，谈谈创点如何落在"课眼"上进行创课。

下雪了下雪了，雪地里来了一群小画家。
小鸡画竹叶，小狗画梅花，小鸭画枫叶，小马画月牙。
不用颜料不用笔，几步就成一幅画。
青蛙为什么没参加？它在洞里睡着啦！

熟读课文之后，老师问学生谁有问题，一个孩子举起小手："'不用颜料不用笔'怎么能画画？"

"问题问得好！"老师为举手发问的孩子点赞之后，顺势抓住这个生成性的问题，把它当成教学资源，开发成"课眼"，"'不用颜料不用笔，几步就成一幅画'，除此之外，你还见过如此高明的画家吗？"

"春风又绿江南岸，"老师话音刚落，一个孩子立马响应，"春风不用颜料不用笔，画绿了江南的花草！"

"第二、第三"反应的学生在跟进："白毛浮绿水，红掌拨清波"；"一行白鹭上青天"。

"'不用颜料不用笔'，优美的诗句在画画。好美！"老师肯定了孩子们的浮想联翩，聚焦"课眼"，又拓展"课眼"，把孩子的审美视角引向"原创"的维度，"想见识一下'不用颜料不用笔'画画的高手吗？"

"想！"孩子们急切地想一睹为快。

这时，老师出示了一张动态图——

学生莫名其妙。老师相机解疑：这是德国艺术家莱普在用自己收集到的榛子花粉筛在地上作画。他的这幅《榛实花粉》在2013年1月23日进驻了纽约现代艺术博物馆。

"不用颜料不用笔，用（　　）成就了《榛实花粉》这幅画。"老师因势利导，把创点放在"课眼"上，"请在（　　）内填上一个字。"

孩子们一下子被激活了：

——不用颜料不用笔，用（爱）成就了《榛实花粉》这幅画；

——不用颜料不用笔，用（情）成就了《榛实花粉》这幅画；

——不用颜料不用笔，用（心）成就了《榛实花粉》这幅画；

——不用颜料不用笔，用（创）成就了《榛实花粉》这幅画；

——不用颜料不用笔，用（玩）成就了《榛实花粉》这幅画；

……

老师也被孩子们激活了："《榛实花粉》与'几步就成一幅画'哪里

一样，哪里又不一样？"

"'不用颜料不用笔'，是一样的"；"不一样的是'几步就成一幅画'有温度，《榛实花粉》有香味"。

"有温度，有香味，有生命！"老师说，"下雪的时候，'几步就成一幅画'就活了，春天来的时候，《榛实花粉》就活了。有生命的画，永远活着。"

不是吗？下雪了，雪化成了春天。春天来了，生命就有了开端。"花粉是植物生命的潜在开端。它如此简单、美丽，又如此复杂。它必然有着多重含义。我想每个生活着的人都能了解花粉是多么重要。"莱普说得真好，他收集筛选花粉，用纱网将花蕊和粉分开，这个从1977年开始重复进行的工作，被他一直看作是一种"仪式"，整个采集工作更像是一次自省的修行。"不用颜料不用笔"，用的是"自省的修行"。花粉本身并没有叙事性，但这种形式简单的物体，却蕴含着艺术家对信仰的思考。他认为花粉作为植物生命的开始，象征着一种周而复始、不断回还的永恒，这种潜在的可能性是既纯粹又复杂的。2013年，莱普完成了他最大规模的花粉艺术，所有的花粉都由他亲自从德国南部的小村庄里，以每年一罐的速度，持续收集了18年。在阳光充足的日子里，榛树的花粉将记得它最美的颜色。但是花粉是什么呢？阳光又是什么呢？被静置在那里的只是万物深深的美丽与惊魂动魄。

创课，创点在"课眼"。"课眼"，宛如人眼，那是灵魂出窍的地方。人眼要识得"课眼"，"课眼"方入得人眼。与其说创课创点在"课眼"，不如说创课创点在人眼。因为刻意追求所谓的创课，创点在"课眼"，容易跌入"小教教术"的陷阱，难以自拔。创课，创点在人眼，意味着"课眼"出自人眼，人眼有"课眼"的意识而又不拘泥于"课眼"。譬如上文案例"'不用颜料不用笔'怎么能画画？"这一问题出自学生的眼，入了老师的眼。老师敏锐捕捉到了这个问题，把它开发成"课眼"，围绕"课眼"，进行生成性的创课教学。"不用颜料不用笔"，在文本里，雪地里的小画家，能画画，这是创始点；在孩子们的眼里，"春风、白鹅、白鹭",也能画画,这是学生的创点;在老师眼里,德国艺术家莱普,也能画画,这是教师的创点。"《榛实花粉》与'几步就成一幅画'哪里一样,哪里又不一样?""'不用颜料不用笔',是一样的";"不一样的是'几步就成一幅画'有温度,《榛实花粉》有香味"。这是师生的共创点。这个共创点创造生成的过程,就是创课创点落在"课眼"的过程。在这一过程中,老师要具有抛弃自己的一切意图与偏见的意识,随时准备接受突如其来且不知来自何方的声音。这个声音不是来自书本,不是来自作者,不是来自约定俗成的文字,而是来自没有说出来的那部分,来自客观世界中尚未表达出来而且尚无合适的词语表达的部分。当然,这个"不知来自何方的声音"本身就是一种潜在的"课眼"。

第三辑
与文本对话的艺术 3

- 与"嘴角带着微笑"对话
- 创课怎样创教材
- 教学设计要有反对自我的意识
- 做学生与文本恋爱的媒人
- 与文本对话,何不肉眼、天眼齐观
- 与文本对话要有效度
- 文本对话:道法自然,师法万物
- 向文本更深处漫溯
- ……

与"嘴角带着微笑"对话

"第二天清晨,这个小女孩坐在墙角里,两腮通红,嘴上带着微笑。她死了,在旧年的大年夜冻死了。"课堂上,读到《卖火柴的小女孩》的这一节,学生甲质疑:"小女孩被活活地冻死了,为什么她嘴上还带着微笑?"

执教老师驾轻就熟,照"教参"宣科:"小女孩死前是那样地向往美好的生活,但她只能在一次次擦燃火柴的幻景中看到她想要得到的东西,而结局却是冻死街头。美丽的幻景与冷酷的现实形成鲜明的对比,更使我们痛恨那个罪恶的资本主义社会,对小女孩的不幸遭遇深切地同情。"

"老师,《童话中的苦难》和你的答案不一样啊!"网生一代的孩子阅读视野很宽,学生乙起身以作家毕淑敏的说法佐证,"……依我在西藏雪域生活多年的经验,作家笔下所描绘的小女孩临死前所看到的温暖光明的家庭图画,其实很有科学根据。濒临冻僵的人,神经麻痹之后会出现神秘的幻觉——平日的理想都虚无缥缈地浮现出来了。包括小女孩脸上的笑容,也有医学基础。严寒会使人的肌肉强烈痉挛,我当过多年的医生,所见过的被冻死的人,表情都好似在微笑……"

执教老师微笑看着学生乙,听他把话说完。

"我觉得毕淑敏老师说的'濒临冻僵的人,神经麻痹之后会出现神秘的幻觉——平日的理想都虚无缥缈地浮现出来了'有道理。譬如,《丰碑》一文中'一个冻僵的老战士,倚靠光秃秃的树干坐着。他一动不动,好似一尊塑像,身上落满了雪,无法辨认他的面目,但可以看出,他的神态十分镇定，十分安详'就是很好的例证。"学生丙不等执教老师表态，就慷慨陈词，站到同学乙之列。

……

其时，阶梯教室里坐满了听课的领导、老师。直面学生"围追堵截"的对话，执教老师虽然窘迫，却始终微笑着聆听孩子们"各抒己见"。

课后，才从校长处得知，这位执教老师就在前一天被确诊了"恶性肿瘤"……这一天，她仍然坚持按照原计划微笑着上完了这节公开课……

很多我们看到的微笑，看到的快乐，都是一种"幸存者偏差"。如果不了解每个人都背负着艰难在前行，就不理解生命的真相。我们都不知彼此经历了什么，忍受了什么，身处怎样的困境与危机。

身患"恶性肿瘤"的公开课老师选择了面带微笑，并非拒绝苦难与悲伤，而正是因为知道生活不易，才把最好的微笑给别人。

南宋一本烹饪书《山家清供》里，讲到一群村民一起煮石头汤，石头打底的食材，固然不能吃，可每个人都从家拿出一点好食材，加在这锅汤里，最后汤就变美味了。

那些石头就像生命的底色，而一点点掏出来的食材则是小女孩、军需处长、"肿瘤老师"给我们的微笑与乐观，少而珍贵，也是如今我们在并不轻松的生活里，仍保留的微笑和善意。

"苦难既是一位提醒者，又是一位领路人，"守基·阿芬第说，"只有在痛定思痛之时，我们才能领悟到苦难的益处。"

生活着实不易，习惯了生命中塞满挫败和悲伤，才会对每个美好的生活细节和瞬间的生命定格格外珍惜。不以眼泪，以微笑，与"嘴角带着微笑"对话，与"后创伤成长"对话，终将谙悉：艰难的人生斗争可能会使个体向积极的方向转变，但人的一生，不知道要经历多少悲伤的瞬间，才算完满。谁不是，一次次被悲伤击倒，又一次次被一点光照亮？

创课怎样创教材

一、何谓创课

简言之,创课就是把一种新的教学"思想"化为教学"现实",即创课="思想"+"做法"。创课,有别于仿课,前者是从 0 到 1 的原创,后者是从 1 到 N 的复制。创课,包括"创思想、创教材、创设计、创教学、创反思、创发表"。六创一体,一体六创。

创思想,是课魂;创教材,是课体;创设计,是课骨;创教学,是课肉;创反思,是课感;创发表,是课神。灵魂寄托于身体,身体离不开骨肉,骨肉有感觉,感觉化精神。

二、为何创课

创课是一种享受。享受什么呢?享受创课本身。世界本来没有这一课,因为"我创",它遂存在。它的存在,灌注了认知、思想、学养、情愫,乃至"我"在此之前的所有人生阅历与积淀。当我用一生的学养积淀来创课,当我将眼中所见,脑中所想,心中所爱用创课来与孩子心灵对话时,"我"是在自由地表达自己与放飞孩子,这个自由表达与放飞的过程,让"我"感到巅峰体验的满足,让孩子获得难以言喻的快乐。这份满足与快乐本身,就是对创课的最好回报了。

三、怎样创教材

创课是绕不开"创思想、创教材、创设计、创教学、创反思、创发表"一体六创的,囿于篇幅,本文只谈"怎样创教材"。

1. 怂恿孩子"创造教材"

学生是课程的习得者,教材是学生的教材。是学生的教材就要对学生负责。负责任的教材要让学生喜欢,要让孩子有真情实感,要让孩子创造教材。

一次听某老师公开教学《找春天》,我坐在一男生旁边,只见他课桌上放着一绘本,始终不见他的课本。问他是否忘带了。他说这篇课文看过几遍了,都会背了,没啥意思了。我问:你有更有意思的文章吗?他说:有!

原　谅

春天来了,
我去小溪边砸冰,
把春天砸得头破血流直淌眼泪。
到了花开的时候,
它就把那些事忘了,
真正原谅了我。

"你喜欢?"我问他。

"很喜欢!"他使劲地点点头。

"你也可以创教材,"我怂恿他,"把自己喜欢的《原谅》粘贴到课文《找春天》的后面。"那一刻,我发现他乐坏了,课本里有了自己创造的教材……鼓励学生"自创教材",自创真正属于自己的教材。哪怕学生生涯中有过一次"创造教材"的经历,都是一种了不起的经验。这种经验有胜于无,多多益善。当然,学生自创教材可以是写意与象征性的,可以是改编的,最佳是原创的。自创教材要小步子,低起点,多维度,可以是给课文画一幅插图、配一段音乐,可以是改换一下文题、修改一个字词、增补一个注释,也可以删除不喜欢的课文、增添喜爱的文章。总之,要水长流,不断线。

2. 倡导教师创造教材

教师是课程的实施者,教材是教师的教材。好教材是既养学生也养教师的教材。教师要养成开发教材的意识,要锻炼创造教材的能力,要逐渐具备创造教材的实力。

教师创造教材,若以教材文本为分水岭,可分"对内""对外"两种。"对外",主要是剥离教材本文,"自成一体式"独创教材;"对内",效果突出的是针对教材文本的"定点爆破式"创造。

"定点爆破式"创造,意味着与文本对话时,要善于深入到客观事物的内部,抓住问题的核心,实施"靶向"爆破。

譬如,教材《秦兵马俑》里有一段描述文字:

> 兵马俑规模宏大。已发掘的三个俑坑,总面积近20000平方米,差不多有五十个篮球场那么大,坑内有兵马俑近八千个。在三个俑坑中,一号坑最大,东西长230米,南北宽62米,总面积14269平方米;坑里的兵马俑也最多,有六千多个。一号坑上面,现在已经盖起了一座拱形大厅。走进大厅,站在高处鸟瞰,坑里的兵马俑一行行、一列列,十分整齐,排成了一个巨大的长方形军阵,真像是秦始皇当年统帅的一支南征北战、所向披靡的大军。

设若先找中心句——"兵马俑规模宏大",再抓关键词——"规模宏大",然后划出表现"规模宏大"的数字——"总面积近20000平方米","一号坑最大,东西长230米,南北宽62米,总面积14269平方米;坑里的兵马俑也最多，有六千多个"，接着读出"规模宏大"，最后来个200字的迁移仿写——城市的广场"规模宏大……"。

这种以纲为纲，以本为本的"经院式"对话，永远浮在文本的表层。只有逐步沉潜、层层深入，由外而内、由表及里，才能探视到文本的内核，才能垂听到文本的心音。

所以，我先创编"巴顿墓碑"：

巴顿的墓碑立在欧洲腹地的海得尔堡的一个很大的广场上，广场上整齐地排列着6000个洁白的汉白玉墓碑。它意味着二战中牺牲在欧洲战场的6000名美军长眠于此。每一块墓碑上都汲简洁地刻着一个军人的名字和他的生卒年月，巴顿的墓碑也是如此，他不因为自己是五星上将就制造什么特殊。生前与大家生死与共，死后与大家相伴相随。他始终生活在普通战士之中。如果说他所指挥的第三集团军是一片足以淹死一切强敌的浩瀚大海，那么，他情愿认定自己就是一朵最普通的浪花。

有人觉得帝王与将相不对等，我又创编"戴高乐的墓葬"：

有不少人以为，法兰西第五共和国的首任总统———戴高乐的墓地应该建在巴黎等繁华的大城市。然而，这位功勋卓著的老人安息在远离巴黎的科隆贝小镇。

科隆贝小镇距巴黎有数百公里之遥，那里离最近的火车站还有十多公里远，没有直达的公共汽车。同巴黎著名的拉雪兹等大的公墓相比，科隆贝双教堂的墓地显得平凡朴素。在墓群里，人们往往需要经过一番搜寻，才能在角落处找到戴高乐的墓。

戴高乐墓高出地面不到半尺。墓由白灰色的石头砌成。石面上刻着：夏尔·戴高乐，1890—1970。

这种砌墓用的石头，是最普通的，常用来镶马路边。来参观的人大多发出这样的感叹："这种简朴平凡的方式把一位伟人的品德表现得淋漓尽致!"

1970年11月9日,离八十大寿不到两个星期时,戴高乐溘然长逝。早前,戴高乐就留下遗言:"不必大操大办,只在科隆贝双教堂的墓地里举行一个朴素的私人仪式。"按照戴高乐的遗愿,他的葬礼办得简朴而又平静,既没有乐队演奏哀乐,也没有人在教堂的弥撒上致辞。他的棺木由一辆军车运抵教堂,然后由他的几位老乡(一名肉店伙计、一名奶酪铺掌柜和一名农场工人)抬进墓地,安葬在爱女安妮的墓旁。据说,戴高乐的棺木当时仅花了72美元。

每座坟墓都埋藏着一个故事,没有故事的墓是空的。创造性地与"三个墓"对话,形成了一篇发人深省的大教材,每个人都有自己的感悟与解读。

——同为修墓,秦始皇是怎么想的,巴顿和戴高乐又是怎么想的?

——如果说兵马俑展览的是等级,那么巴顿和戴高乐的墓碑展览的则是无等级。

——秦兵马俑,规模宏大,私欲膨胀;巴顿和戴高乐的墓碑,形式简陋,人格伟岸。

——可能会有不少人记住秦兵马俑,记住它昨天的故事和今天的"创收";也可能会有更多的人像我一样记住巴顿,记住戴高乐,记住他们生前的才华经天纬地,业绩惊天动地,记住他们死后那平凡至极的墓碑留给后人的思考与警醒。

——巴顿与戴高乐无级别的墓碑折射出的人格,是大写的人格,这种人格无国别。如若秦始皇地下有知,他会作何感想?

——我们认同兵马俑的文化与艺术价值,但同时也要审视其负价值,因为眼睛向下总是在古墓坑里打转的时候,别人已经眼睛向上,建造了宇宙空间站,正准备登上火星。

……

有了"比色卡",跳出单纯为应试而设计所谓扎扎实实的经院式训练的窠臼，重新审视墓葬的本质含义，与文本对话，就有了一定的深度。

——兵马俑，是秦陵的一部分。

——如果说"兵马俑规模宏大"，是一种美学，那也只是一种暴力美学。

——不论是中国的皇帝陵，还是埃及的金字塔，无疑是暴力美学的代表作。

——这种暴力美学，只关心一个人或几个人的灵魂。它一方面是崇尚"不死"，让某个人把自己的权势和荣华由生前延续到死后，由地上带到地下；另一方面是光大"正统"，序列辉煌正统的，排斥贬黜旁出的。因此，中国帝陵都有"庙号"，埃及金字塔都有"称号"。"不死"关心的是自己的生命的延续，灵魂不朽；"正统"关心的是王朝生命的延续，一代，两代，乃至万代。

——"秦始皇留下了长城，隋炀帝留下了运河，文景繁荣了文学，贞观培育了诗歌。暴政能创造工程上的奇迹，仁君则丰富一个民族的灵魂，从未经历暴政的民族很难宏伟，但不能结束暴政的民族不能久远。"吴稼祥先生的话深刻隽永啊！

有了"比色卡"，从历史、哲学、美学、人性的角度审视帝陵，走出遮蔽，敞亮视界，超越知识，走向智慧，与文本对话，便有了足够的深度。

美国作家安娜·昆德兰曾说："在书海中航行，我领略了异域风光，同时也走进了自己的内心世界，阅读帮助我发现我是谁，我有什么志向，以及我对自己和世界怀有怎样的梦想。"如果通过改编文本的"定点爆破式"阅读，我们的学生对阅读都能有这样的体会，那么作为语文教师，我们就是了不起的。

3. 敢为创客创造教材

剥离教材本文的"自成一体式"独创教材，不是"躲进小楼成一体"的作茧自缚，也不是"重打锣鼓另开戏"的别出心裁，更不是"泼洗澡水连孩子一起倒掉"的全盘否定，而是教材维生素的再补充，是满全教材智慧的再充电，是"我在下一个路口等你"的再出发，更是首创精神、实践精神以及与他者分享和交流价值观的体现，尤其是从单纯的精神产品和物质产品的消费者向创造者的华丽转身！

基于此，这些年来，从长白山到五指山，从青海到上海，遍走大江南北，笔者很多的公开教学都是自创教材——《凄美的放手》《伟大的人有两颗心》《目送》《最浪漫的事》《邀非老师到课堂来》《情窦初开》《今生与你相遇》《那深情的一跪》《童师·师童》《沙画人生》《妈妈家长学校招聘》《面对面交锋》《月亮C面》《学学说理》《注视美》《跪鸟与跪狗》《一片枫叶一片情》《情人眼》《让所有感动再来一遍》《V影习作》《童年看童年》《月亮D面的故事》《天使在身边》……

无论教师自创教材，还是学生自创教材，皆须具备国际眼光。具体来说，应该是这样三种眼光的结合——一是蚂蚁的眼，要观察得非常细；二是蜻蜓的眼，要从各个角度观察；三是鸟的眼，要能飞得高，俯瞰大地。当然，创造教材的背后是人，所以，不要忘了，学生与教师的自身也是有待开发的上佳教材。

创造教材是创课的一环，它像创课一样是一种旅行，是从已知世界到未知世界的旅行，是跟陌生世界的相遇，是跟其他人的相遇，是跟未知的自己的相遇。在旅行中相遇，在相遇中旅行。旅行与相遇的创课人生，是教师人生的精彩证明！

教学设计要有反对自我的意识

在对话教学中，教学设计要有反对自我的意识：不能像网站上的新闻，彼此克隆。试以《临死前的严监生》为例，谈谈怎样原创设计。

（一）直接入题

同学们好！这节课，让我们共同走进文本，与《临死前的严监生》对话。

（二）导入文本

师：严监生病危了。（投影）

生：（读）"医家都不下药了。"

师：想必是无可救药了。

生：（读）"诸亲六眷都来问候。"

师：希望能见上最后一面，陪他走完最后一程。

师：这是间接描写严监生病危了，如下是直接描写严监生病危——

生：（读）"一连三天不能说话"，"喉咙里痰响得一进一出，一声不倒一声的。"

师：奄奄一息的严监生，弥留之际的严监生，即将撒手人寰的严监生，莫非他还有什么牵挂？要不他怎么"还把手从被单里拿出来，伸着两个指头"？这"两个指头"究竟意义何在？诸亲六眷又是怎样解读的？让我们快速浏览课文作答。

生：大侄子——两个亲人；

二侄子——两笔银子；

奶妈——两位舅爷；

赵氏——两茎灯草。

师："内容人人看得见……而形式对于大多数人是一个秘密。"（歌德语）让我们揭开这个"秘密"。

（三）品读对话

品读文本中"有声语言"与"无声语言"的对话。

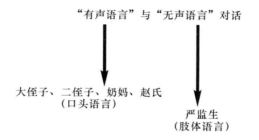

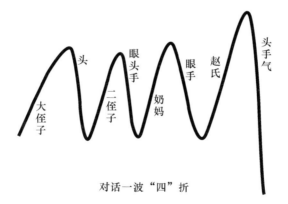

对话一波"四"折

再现"有声语言"与"无声语言"的对话方式有很多：

可以一人饰演"大侄子、二侄子、奶妈、赵氏、严监生"五种角色；也可以五人合作，每人一个角色；还可以教师饰演严监生，学生饰演大侄子、二侄子、奶妈、赵氏。总之，要因课制宜。

关键是通过还原严监生的肢体语言，体会他的内心世界。

头：从摇了两三摇、狠狠摇了几摇、闭着眼摇到点了点（从否定，到狠怒地否定，再到失望地否定，最后心满意足地肯定）。

眼：两眼睁得滴溜圆、眼闭着（从生气到无奈）。

手：伸着两个指头、指得紧、指着不动、把手垂下（有含义、怎么就是不明白呢、那个急啊、终于了愿）。

（四）破解二指"禅"

临死前的严监生的"二指"指向"两茎灯草"，暗示家人——"挑掉一根"（生答）。

看得出他很——"节俭"（生答）。

每一个不懂节俭的心都是黑暗的，临死前的严监生的"二指"指向的"灯"，难道不具有禅意？一灯能破千年暗啊！

……

对话教学倡导，教学设计要有反对自己的意识，更要有反对自己的行动。

要有反对自己的意识，就是反对自己的狭隘与惰性；要有反对自己的行动，就是要反对原来备课本上的每一个教学环节，每一处把教材文本的陈述句改成问句再满堂问的"伪对话"。

为什么要反对自己呢？从时间上看，我们的任何教学设计只属于瞬间存在，它"现在"是这个教学设计，它现在已经不再是这个教学设计了。我们反对自己，与文本的每一次对话都是一次创造。

反对自己，就是最好地拥护自己。我的教学设计就是我自己的观念，其他人无权轻易享有。因为，可以共有的东西，价值总是很小。

做学生与文本恋爱的媒人

学生与文本对话,就是与文本谈"恋爱"、说"情话"的过程。窃窃私语、两情相悦的时候,教师这位媒人,要及时"撤"!

遗憾的是不少课堂,往往视学生为"牛郎",文本为"织女",教师喜欢当"王母",滔滔不绝地讲解分析,成为泛滥且阻隔学生与文本对话的一道"天河"。于是乎,学生与文本的对话,"盈盈一水间,脉脉不得语","日日思君不见君",望眼欲穿"鹊桥"会。

"对话"似鹊桥,一桥飞架,"天河"变通途。"牛郎""织女"喜相会,何须"旁人"再说媒,彼此自会谈"情爱"。

听,笔者执教《做一片美的叶子》时,学生与文本的"甜言"——

"春天的时候,叶子嫩绿;夏天的时候,叶子肥美;秋叶变黄;冬日飘零——归根。由此,我想到了人生也有'四季':我,就像春天的叶子,嫩嫩的;爸爸就像夏天的叶子,肥肥的;爷爷就像秋天的叶子,黄黄的;爷爷的爷爷,就像冬天的叶子一样飘落了……"

再听,笔者执教《只拣儿童多处行》时,学生与文本的"蜜语"——"冰心奶奶说我们是天使,是太阳,是花朵,是春天。我们感谢她的比喻,感谢她的提醒。是天使,我们要释放可爱;是太阳,我们要释放光明;是花朵,我们要释放美丽;是春天,我们要释放明媚!"

复听,笔者执教《桂花雨》时,学生与文本的"恋曲"——

"'桂花盛开的时候,不说香飘十里,至少前后十几家邻居,没有不浸在桂花香里的。''桂花摇落以后,挑去小枝小叶,晒上几天太阳,收在铁盒子里,可以加在茶叶里泡茶,过年时还可以做糕饼。全年,整个村子都浸在桂花的香气里。'两处用同一个'浸'字,'浸'的意思是'浸泡'。"

"不仅仅有'浸泡'的意思!"另一个学生补充,"还有'浸透'的意思!因为桂花盛开的时候,调皮的香气跑到每家每户的院子里,屋子里,甚至钻进主人的被窝里……花香无孔不入,里里外外都被浸透了。这是闻到的香味,是一种浸透鼻孔的香味。当桂花被当茶饮,当饼吃的时候,香味就浸透到胃里、肚里。这是吃出的香味,是一种浸透血液的香味。如果说透鼻香是暂时的,那么融入血液的香则是永久的;透鼻香飘飞一个季节,融入血液的香则弥漫人生的整个季节。所以,无论走到天涯海角,永远月是故乡圆,水是故乡甜,花是故乡香!"

学生与文本的"情爱",甜美、羞涩,一如朱自清笔下"打着朵儿的荷花",又如张丽钧的妙喻:"你见过那种最叫人动魄惊心的羞涩么?那不是一个少女被人窥破心迹的羞涩,也不是一对深深相爱的人儿初吻的羞涩,那是一个刚刚做了母亲的女人把乳房奉献给一个新生命的伟大的羞涩!"

与文本对话，何不肉眼、天眼齐观

教师与《两个铁球同时着地》对话，若以肉眼观之，对话的旨归不外乎："能识会写课文的 12 个生字，根据上下文理解'信奉、固执、胆大妄为'等重点词语的意思；正确、流利、有感情地朗读课文，了解两个铁球同时着地的试验过程，学习伽利略不迷信权威，执著求实地探求科学真理的精神；模仿本文的写法，通过人物的心理、言行来表现人物的品质。"

常态教学下，应试背景中，教师能这样实实在在与文本对话无可厚非，但教师与文本对话的智慧空间没有界标，仅仅停留在以肉眼与文本对话的肤浅层面，往往是不够全面、深入的。肉眼只能看见现象，天眼才能透视本质。现象只能供大脑贮存，本质才能成为精神财富。

天眼隐藏在何方？天眼藏匿于古今中外的名著、哲学与宗教的经典里。

所谓以天眼与文本对话，就是借助经典的天眼，提升凡俗的肉眼。

譬如，在肉眼与《两个铁球同时着地》对话的基础上，不妨再以天眼与德国戏剧大师布莱希特的经典剧本《伽利略》对话。

与经典剧本《伽利略》对话，你会领略到布莱希特独特的视角呈现及其核心价值取向。他笔下的伽利略，在教会不容许他的这种理论的时候，面临两个选择：第一，我跟你硬碰硬，为了我的伟大的原则我被教会迫害而死；第二，我对你屈服来保存我自己，保存了我自己之后我还有更多的发现、更大的贡献、更大的颠覆要做。剧本的结局是伽利略选择了后者，而选择后者会被当时的很多人认为"变节"、屈服。

事实证明伽利略的选择是正确的，"留得青山在"，才有了这位伟大物理学家、天文学家的一系列科学创举——1590年，在比萨斜塔上做了"两个铁球同时落地"的著名实验，推翻了亚里士多德"物体下落速度和重量成比例"的学说，纠正了这个持续了1900年之久的错误结论；1609年，创制了天文望远镜，用来观测天体，发现了月球表面的凹凸不平，并亲手绘制了第一幅月面图；1610年，发现了木星的四颗卫星，为哥白尼学说找到了确凿的证据，标志着哥白尼学说开始走向胜利。借助于望远镜，他还先后发现了土星光环、太阳黑子、太阳的自转、金星和水星的盈亏现象、月球的周日和周月天平动，以及银河是由无数恒星组成的，等等。这些发现开辟了天文学的新时代。人们盛誉："哥伦布发现了新大陆，伽利略发现了新宇宙。"

仅仅与《两个铁球同时着地》对话，被遮蔽的肉眼，看到的不过是一个挑战权威、无畏抗争的单向度的伽利略；再与《伽利略》对话，被洞开的天眼，看到的就是一个双向度的伽利略——为了实现自我，追求科学真理，在面对教会或国家这种巨大的机器时，个人什么时候要抗争、要牺牲，什么时候是可以妥协、可以退让的，有韬略地作出判断与选择是十分重要的。

肉眼有限，不宜远观；天眼通达，无量无限。教师与文本对话，何不肉眼、天眼齐观？

与文本对话要有效度

上好阅读课亟待解决两个问题：一是理念问题，二是方法问题。若无理念，教学便失去了方向和灵魂；若无方法，教学就不能有效推进与实施。

当下需要什么样的阅读教学理念与方法？

新课标指出："阅读教学是学生、教师、教科书编者、文本之间对话的过程。"这既是阅读教学的主打理念，也是阅读教学的核心方法。那么这一理念与方法贯彻落实得怎么样呢？

笔者曾通过网络对15个省市的1673名小学语文教师进行过调研：钻研教材、设计教案和实施教学时，是否真正研读过"课标"，并真正理解、自觉运用其理念指导阅读教学实践？

78.5%的老师直言不讳地回答："太忙了！都挤时间教学呐！哪还顾得那么多啊！"

3.4%的老师牛气反问："不按这一理念和方法教学又能怎样？"……

课标意识集体缺失，理念与方法普遍匮乏，成为阅读教学存在的最主要的问题。

课标是教学的"宪法"。法是行为的准绳，有法必依，违法必究。若有法不依，违法不究，势必助长"三间屋里我说了算的人"教学时越发为所欲为，甚至因失去约束走向更加有恃无恐。如果这样，教学秩序就会更加混乱不堪，进而走向独断专横，乃至精神杀戮……

所以，增强守法意识，应用与生发新课标的理念与方法，对于阅读教学来讲责无旁贷。

怎样落实新课标所倡导的"阅读教学是学生、教师、教科书编者、文本之间对话的过程"的理念与方法呢？

最关键的一条：要切实加强"教师与文本"对话的能力。

作为对话中的首席，教师拥有了与文本对话的心力，才能焕发有效引领学生与文本对话的慧能。

如果教师与文本对话都一知半解，甚至茫然无知，那么，焉能以己昏昏，使"生"昭昭？读得懂吗？怎样读懂？

教师与文本对话要有效度。有无效度衡量的关键点是教师是否读懂了文本。文本是什么？文本是由作者写成而有待于阅读的单个文学作品本身。文学又是什么？文学是人学。

"人是不朽的，这并不是说在生物界唯有他才能留下不绝如缕的声音，而是因为人有灵魂。诗人和作家的责任就在于写出这些，这些人类独有的真理性、真感情、真精神。"（福克纳语）

那么，教师与文本对话，就是要从文本中谛听、谛视到这些"真理性、真感情、真精神"。

这无疑是衡量教师读懂文本与否的一条重要标准。

欲读懂文本之"真"——"真理性、真感情、真精神"，教师要从五个层面逐层切入：

一是声音层面（语音节奏）——与文本对话时首先感知的层面。

语言层的主要功能：

（1）用语音唤起形象感。

（2）用语义创造形象。

每一件文学作品首先是一个声音的系列，从这个声音的系列再生出意义。

二是意义层面（词、句的意思，意象）。

三是世界层面（人物、背景、事物等）。

世界层面指由文学文本的语言所描绘的人物、事件、情节、环境、景物等构成的整个作品的形象体系。它居于文本结构的核心地位，它既是语言层的所指，又是意蕴层的载体。

四是观点层面（思想、观念、感情）。

五是形而上层面（崇高的、悲剧的、可怕的、神圣的、普世的……）。

它们的内在关系：

上一层次是下一层次的形式显现，下一层次给上一层次提供了存在的依据。五个层面既相互依存，又有各自独立的审美价值。

俄国文论家别林斯基说过："伟大的诗人谈着他自己，谈着我的时候，也就是谈着大家，谈着全人类。……人们在他的悲哀里看到了自己的悲哀，在他的心灵里认识到自己的心灵。"（《别林斯基论文学》）

丹麦文论家勃兰兑斯也说："个人的哀伤仅仅是全民族哀伤的一个象征而已，它所体现的是当时举世存在的苦难。"（《十九世纪文学主流》）

美国符号学、美学理论家苏珊·朗格所谓"艺术家表现的绝不是他自己的真实情感，而是他认识到的人类情感"（《艺术问题》）的说法，也表达了大致相近的意思。

对文本来说，"独感"是前提，没有从一己的独特经历和感受出发，作品抒发的情感必然是空泛无根的；但限于"独感"的作品，没有跳出个人生活和情感的小圈子，也难以在最大的程度上引起读者共鸣。所以独感只有指向共感，尽量提升为人类普遍共通的情感，才会具有非凡的动人力量，才能成为经典作品。经典作品，既有民族关怀，又有人类关怀；既有现实关怀，又有终极关怀。正是在这样的意义上，歌德说"优秀的作品，无论你怎样去探测它，都是探不到底的"。

"文本只能在一种活动中，一个生成过程中被感知"，所以人们"不再把作品仅仅看成是'信息'，甚至也不看作'语句'，而看成永无休止的生成过程和陈述，主体则在其中挣扎不已"。

当然，"一部文学作品并不是一个自身独立、向每一时代的每一读者均提供同样的观点的客体。它不是一尊纪念碑，形而上学地展示其超时代的本质。它更多地像一部管弦乐谱，在其演奏中不断获得读者新的反响，使文本从词的物质形态中解放出来，成为一种当代的存在"（姚斯：《走向接受美学》）。

文本对话：道法自然，师法万物

所谓道法自然，意味着人应该尊重事物的本然状态。

所谓师法万物，意味着人应该向天地万物学习。

所谓"智造"对话，意味着以心智、情智、才智创造性地对话。

丰特内尔有言："我始终认为自然，就好像剧场那样是一个浩瀚巨大的舞台。从你所在的剧场座位，你永远看不到真正的剧场全貌。"（《关于世界的多元性的对话录》）那么，怎样道法自然，师法万物？与《祖父的园子》"智造"对话，一斑窥豹，答案自可迎刃而解。

一、道法自然

第一层，通读文本，看看祖父的园子里都有什么。

祖父的园子里有狗尾草、花朵、黄瓜、倭瓜、玉米、谷穗、樱桃树、李子树、大榆树、蜜蜂、蝴蝶、蜻蜓、蚂蚱、蚯蚓、蝙蝠、鸟、羊……

初步给这些事物分分类，可以看出祖父的园子里有花草、有树木、有谷物、有昆虫、有鸟类、有动物……进一步再归归属，可以看出这些种类属于植物、动物……总括起来，这些植物、动物都属于生物。

可见，祖父的园子里，生物很多，这就叫生物多样性。

于是，从祖父的园子里有什么中，我们读出了祖父的园子里"生物的多样性"。

第二层，品读句子，想想多样性的生物是怎样有机联系的。

——"太阳一出来，榆树的叶子就发光了，它们闪烁得和沙滩上的蚌壳一样。"

这说明，太阳供给植物能量。

——"好看的是大红蝴蝶，满身带着金粉。……蜜蜂则嗡嗡地飞着，满身绒毛，落到一朵花上……"

这说明，昆虫给植物传花授粉。

——"羊把果树给啃了……"

这说明，草食动物靠植物维生。

——"祖父种小白菜的时候，我就在后边，用脚把那下了种的土窝一个一个地溜平。""看见一个黄瓜长大了，我跑过去摘下来，吃黄瓜去了。""我认不得哪个是苗，哪个是草，往往把谷穗当做野草割掉，把狗尾草当做谷穗留着。"

这说明，人以瓜果、蔬菜、谷物等为生。

……

可见，祖父的园子自成一个环环相扣、生生不息的生态系统。

第三层，祖父（人）与园子，园子与祖父（人）有什么关系？

"祖父整天都在园子里"——栽花、拔草、种菜、铲地、浇水——祖父种园子，养园子，离不开园子。换句话说，就是人种地，人养地，人离不开地。当然，地也"种"人，也养人，也离不开人。人，是地的养护神；地，是人生存的家园。

第四层，在生态系统中，生物的多样性与人有什么关系？能说一说人们都吃什么，喝什么，穿什么吗？是谁在提供这些服务？

生物的物种估计有1亿种，现在已经被记录的有200万种。这些物种所形成的生态系统，给人类提供了各种各样的服务，我们每个人的生活都是依赖于生物多样性的，实际上，离开了生物多样性，人类是不可能生存下去的。

第五层，多样性资源的启智意义在哪里？

造物主在我们所处的环境中创造了多样性的资源，如果我们不与多样性的环境资源往来互动交流，最终将一败涂地。大凡那些达成所愿的人，都仰赖所处的生态系统，与所需的多样性资源相互联结，并善用生态系统所拥有的多样性资源，取得了事半功倍的效果。当我们与合适的人事相连，我们的生命便更加丰富，此乃造物的初衷。当然，随着社会的发展，物种的多样性在锐减。假如有一天，所有的物种都灭绝了，人，还有可能存在吗？

二、师法万物

天地万物有大美而不言，它们才是我们真正的良师。

1. 学习天地的"德"

"太阳在园子里是特别大的，天空是特别高的。太阳光芒四射……凡是在太阳下的，都是健康的、漂亮的。"

园子里有狗尾草、花朵、黄瓜、倭瓜、玉米、谷穗、樱桃树、李子树、大榆树、蜜蜂、蝴蝶、蜻蜓、蚂蚱、蚯蚓、蝙蝠、鸟、羊……

我们从来没有看到天地因不喜欢而舍弃一些东西，可谓"天无私覆，地无私载，日月无私照"（《礼记·孔子闲居》）。天地是这样的广大无私，广阔包容。我们要学习天地的这种品德。有人说，中国文化讲的是天人合一，准确地讲应当是天人合德。人与天在德行上是一致的。

为什么要学习天地的"德行"？厚德载物！小成功靠智慧，大成功靠德行！

2. 学习天地的"诚"

天地是非常讲诚信的。春耕、夏种、秋收、冬藏。"四时行焉，百物生焉，天何言哉？"（《论语·阳货》）这用一个字来表达就是"诚"。人道是从天道学来的，天道是诚，我们也要诚。

为什么要学习天地的诚信？人无诚信不立，家无诚信不和，业无诚信不兴，国无诚信不稳。

3. 师法万物的"生"

"要做什么，就做什么。要怎么样，就怎么样，都是自由的。"

"倭瓜愿意爬上架就爬上架，愿意爬上房就爬上房。黄瓜愿意开一朵花，就开一朵花，愿意结一个瓜，就结一个瓜。若都不愿意，就是一个瓜也不结，一朵花也不开，也没有人问它。玉米愿意长多高就长多高，它若愿意长上天去，也没有人管。蝴蝶随意地飞，一会儿从墙头上飞来一对黄蝴蝶，一会儿又从墙头上飞走一只白蝴蝶。它们是从谁家来的，又飞到谁家去？太阳也不知道。"

万物生长如此自由、无拘无束，不受干预。童年的我也是自由的，无拘无束的，不受干预的——

"一抬头，看见一个黄瓜长大了，我跑过去摘下来，吃黄瓜去了。黄瓜还没有吃完，我又看见一只大蜻蜓从旁边飞过，于是丢下黄瓜追蜻蜓了。蜻蜓飞得那么快，哪里会追得上？好在也没有存心一定要追上，跟着蜻蜓跑几步就又去做别的了。采一朵倭瓜花，捉一个绿蚂蚱，把蚂蚱腿用线绑上，绑了一会儿，线头上只拴着一条腿，蚂蚱不见了。"

"玩腻了，我又跑到祖父那里乱闹一阵。祖父浇菜，我也过来浇，但不是往菜上浇，而是拿着水瓢，拼尽了力气，把水往天空一扬，大喊着：'下雨啰！下雨啰！'"

"拍一拍手，仿佛大树都会发出声响；叫一两声，好像对面的土墙都会回答。"

玩累了，天空当房，大地为床，白云作被，清风伴睡……

为什么要师法万物生长的自由？

"自然"的原义是指自然界中各种动物、植物及天然事物基于自行成长的源生基质。"自然的最原初的运动始终是正当的"，"一切由事物自身亲手创造的，都是好的，而凡是经人手之间修改的，就变质了。"（卢梭语）师法万物生长的自由，就是要了悟——自由是一个整体，人要么自由，要么不自由，任何一点自由的丧失都可能成为完全失去自由的开始。

祖父的园子，是天人合德、天人合生的乐园，是作者童年任性撒野的游乐场，是一切生命自由成长的"生态标本"，是天地万物的一个缩影。无论怎样，我们都是天地万物中的一员，进一步地讲，我们都是大地的孩子，就像其他动植物一样，我们的生命也是大地的一部分，我们从大地那里汲取生命的乳汁，理应遵循大地的生命节奏，四季有序、和缓有度、自由生长。我们要回归自然，过一种自然快活的生活，从人的自然本性出发，随心所欲，使身心两方面都能够在一生的自然生活历程中实现最大的满足，做一个真正的自然人。

　　祖父的园子，是最具魅力与生命力的自然美的原初典范。那里是没有任何人为强制权力存在的"零点场域"，为童年的"我"提供了最自然、最丰富的想象力和最广阔的视野，提供了最自由的各种可能的维度，使生命回归到天然的原始状态，让生命尝尽它自身一切最令人刻骨铭心和最细微的原初生活感受，促使生命展现出隐含的各种原始动力，使人的"慢生长"成为一种可能。

　　祖父的园子，让自然自己来说话，让自然自身进行自我展现和自我表演，任何人在广阔无边的自然面前，只是一个渺小的生命个体，他只有把自身扎根于自然、融入自然，才能生得自然，长得自然，活得自然。

向文本更深处漫溯

"优秀的作品,无论你怎样去探测它,都是探不到底的。"(歌德语)我们与文本对话,不应浅尝辄止,而应向文本更深处漫溯。

一、绘图式,向文本更深处漫溯

与文本对话,向文本更深处漫溯,重要的一条,要学会给文字造像,绘制图式。图式形象直观,一图胜百言。

试以柳宗元的千古绝唱《江雪》为例,谈谈怎样绘制图式,层层剥笋,读出味道,读出深意。

第一层级:平面读。

平面读,仅仅是把文字还原成了声音。诗句是孤立的,景象是并列的,意境是割裂的。

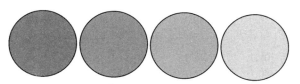

千山鸟飞绝　　万径人踪灭　　孤舟蓑笠翁　　独钓寒江雪

第二层级:递减读。

递减读,先是极目的广角、立体、高远大景,再是俯察的平面中景,然后是近景,最后是定格的特写。

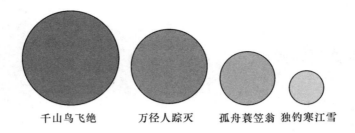

千山鸟飞绝　　万径人踪灭　　孤舟蓑笠翁　独钓寒江雪

第三层级：向心读。

宛如地球层，诗的整体内部结构由外到内，依次为壳层——千山鸟飞绝；幔层——万径人踪灭；外核层——孤舟蓑笠翁；内核层——独钓寒江雪。核心点是"钓"。

壳层、幔层、外核层、内核层，从外到内递减，一如向中心逐渐缩小的漩涡，有着透视的美。

壳层和幔层，写"千山""万径"杳无鸟迹人踪。在阔远的视野中一片空寂，在茫茫大江之上，一切生命的痕迹为大雪所淹没，只剩下一片空旷而寂静的空间。

诗写到如此空灵，便是一种极致。因为空灵的背后伫立着孤独。

"孤""独"，以极其细微的"有"反衬了大面积的"空"。"真空必定妙有，妙有毕竟真空。""真空"是有生机的"空"，这种"空"就是"有"，"有"就是"孤""独"。孤独才是人的本真状态、终极状态。孤独是美的，是快乐的，是自由的，是强大的。孤独是一种力，其着力点乃在于"钓"。

在默渊无声里,"钓"的下面,难道不是"鸢飞鱼跃"?

二、叩文题,向文本更深处漫溯

文题,乃文章之领,提领叩问,易于向文本更深处漫溯。

譬如,与《自己的花是给别人看的》对话,首先以题叩问:为什么"自己的花是给别人看的"?一般都晓得:花很美。

然后叩问:花美在哪里?美在千姿百态、姹紫嫣红、芬芳馥郁。这仅仅是表象的美。

接着叩问:花真正的美在哪里?

花,无论什么样的花,从它一冒出土的一刹那,都朝着某一个方向生长,好像它有一种不可动摇的意志力,趋向实现完全绽开直至充分展现其自身的欲求。于是,从凝成一个苞到尽情绽放,无论有着怎样柔弱的外表,它都会选择自己的弧度,自己的曲线,自己的色彩,自己的芳香,按照自己的节奏,向着自己向往的、无限的纯净空间,不可遏制地开放。

在天地之间,花的形状如此特殊,它总是弯身向着自己的内在,又总是以一种献供的姿态向着外在。血肉包含在绽放中,精神包含在姿影里。

这便是花真正的美。

最后叩问:真正的美,为什么是给别人看的?

真正的美属于存在,而不属于占有。

德国人爱美,家家户户养花;德国人更懂得美,他们把花养在阳台上——各美其美,自己的花给别人看——美美与共。

美属于存在,可以共享,不能占有,所以"自己的花是给别人看的"。

再如,与《月光曲》对话,不妨直接叩问:为什么是《月光曲》?

如果照本宣科,借助"月光照进窗子来,茅屋里的一切好像披上了银纱,显得格外清幽。贝多芬望了望站在他身旁的穷兄妹俩,借着清幽的月光,按起琴键来""他飞奔回客店,花了一夜工夫,把刚才弹的曲子——《月光曲》记录了下来"来理解《月光曲》的来龙,似乎没有什么不妥。但仔细玩味,总觉得如此对话太过牵强与肤浅,没有阐释清楚月光与人(或曲子)的逻辑关系。既然没有说清楚其逻辑关系,也就没有汲取与文本对话的营养与智慧。那么究竟怎样才能说清楚其逻辑关系呢?

第一,世界分为两个,一个是阳光底下的世界,一个是月光底下的世界。阳光底下的世界把世界万物分开——柴、米、油、盐,衣、食、住、行;白富美高富帅,屌丝和乞丐……这是一个硬世界。月光底下的世界则把万物汇聚——在朦胧中走向融和。这是一个软世界。

第二,音乐,属于月光底下的世界。

不能否认,阳光底下的世界,茅屋里面,有位贫穷的盲姑娘。但她酷爱钢琴,"要是能听一听贝多芬自己是怎样弹的,那有多好啊!"

这就是阳光底下的硬世界。

贝多芬善于把阳光底下的世界的严酷与灼热,转化成音乐,转化成月光底下的世界的柔美与清凉,转化成梦乡。

第三,月光底下的世界美妙醉人。

月光浸漫,清明澄澈,了无滞痕。人的精神自由达到极致:突破了时间与空间的界限,直接与无际的宇宙相拥,与苍茫的时光对话;彼与此之间抵消了一切障碍与隔阻,身与心之间消融了所有的等级与差别,生命返本还源,原态解悟,走向无边的开放。

"皮鞋匠静静地听着。他好像面对着大海,月光正从水天相接的地方升起来。微波粼粼的海面上,霎时间洒遍了银光。月亮越升越高,穿过一缕一缕轻纱似的微云。忽然,海面上刮起了大风,卷起了巨浪。被月光照得雪亮的浪花,一个连一个朝着岸边涌过来……皮鞋匠看看妹妹,月光正照在她那恬静的脸上,照着她睁得大大的眼睛。她仿佛也看到了,看到了她从来没有看到过的景象,月光照耀下的波涛汹涌的大海。"

《月光曲》中和、缓解了穷兄妹俩阳光底下的世界的不幸与困苦、矛盾与冲突，重建了他们内心的平衡与宁静，给了他们通向精神世界的津渡，让他们的精神生命有了崭新的萌动与飞升。他们觉得月光底下的世界是那么美好，贝多芬的琴声是那么美轮美奂，"兄妹俩被美妙的琴声陶醉了"。

其实，贝多芬也是人，阳光底下的世界他也一样有自己的烦恼与忧伤，他也需要到月光底下的世界去寻找清凉、安宁与解脱。

古希腊有位雕刻家叫匹格马林，他十分热爱自己所创作的美女雕像，以至于最后同雕像发生了恋情。这就是"匹格马林现象"。

贝多芬也有着类似的心理，觉得自己即兴创作的《月光曲》是那样美妙，以至于都不愿意再回到阳光底下的世界来。所以才"飞奔回客店，花了一夜工夫，把刚才弹的曲子——《月光曲》记录了下来"。

三、抓隐点，向文本更深处漫溯

"白鹭立雪，愚人看鹭，聪者观雪，智者见白。"文本中的隐点，就是那"白"，要透过文字表象，才能见"白"。

譬如，《少年闰土》一文中有这样的句段：

——"深蓝的天空中挂着一轮金黄的圆月，下面是海边的沙地，都种着一望无际的碧绿的西瓜。其间有一个十一二岁的少年，项带银圈，手捏一柄钢叉，向一匹猹用力地刺去。那猹却将身一扭，反从他的胯下逃走了。"

——"紫色的圆脸，头戴一顶小毡帽，颈上套一个明晃晃的银项圈。"

——"下了雪，我扫出一块空地来，用短棒支起一个大竹匾，撒下秕谷，看鸟雀来吃时，我远远地将缚在棒上的绳子只一拉，那鸟雀就罩在竹匾下了。"

这三个句段"看似寻常最奇崛"，其中有着怎样的隐点？如何层层发掘呢？

第一层级：读出"是什么"。

本真判断，意味着对文本存在的无蔽展开。

初读：读出"是什么"，对文本进行本真判断。

一是景物——"深蓝的天空中挂着一轮金黄的圆月，下面是海边的沙地，都种着一望无际的碧绿的西瓜。"

二是人物——"其间有一个十一二岁的少年，项带银圈，手捏一柄钢叉，向一匹猹用力地刺去。那猹却将身一扭，反从他的胯下逃走了。""紫色的圆脸，头戴一顶小毡帽，颈上套一个明晃晃的银项圈。"

三是事情——"下了雪，我扫出一块空地来，用短棒支起一个大竹匾，撒下秕谷，看鸟雀来吃时，我远远地将缚在棒上的绳子只一拉，那鸟雀就罩在竹匾下了。"

再读：是什么景物、人物、事情？

景物是月、地、瓜，人物是闰土，事情是捕鸟。

细读：是什么样的月，什么样的瓜，什么样的闰土，什么样的捕鸟工具？

圆月，西瓜，带银圈、圆脸，竹匾。

深读：圆月、西瓜、银圈、圆脸、竹匾的背后隐藏着一个什么样的符号？

圆。

本真判断是认知文本的起点和基础。只有实现了本真判断，才会有明确的情感、态度、价值观，才能有进一步的价值判断。

第二层级：读出"怎么样"，对文本进行价值判断。

价值判断，意味着对事物属性与人的需要的关系作出判断。

圆月、西瓜、银圈、圆脸、竹匾，这些词语的背后隐藏着一个共同的符号——圆。

怎么会隐藏一个"圆"呢？

首先，从哲学层面看。

宏观宇宙是圆的：时空广袤的宇宙包含银河系、河外星系等无数亿个星系，每个星系所包含的恒星及大小行星都是球体，并按照椭圆的公转轨迹和圆的自转轨迹而运行。

中观万物是圆的：一草一木，一鱼一虫，究其形体无一不是由圆点状的基本物质构成的。沧桑之变，万汇之颐，暑往寒来，春夏秋冬，吐故纳新，新陈代谢，无不相抱成圆而无一不圆。大千世界，林林总总，万事万物都是圆的。

微观世界是圆的：所有物质，无论是固态、液态、气态都是由肉眼看不见的原子组成。原子是由正电荷的原子核和绕核运动着的带负电荷的电子组成，原子核又是由质子和中子构成，而它们一般呈圆点状态。

人生轨迹是圆的：无论是达官显贵还是普通公民，无论经历怎样的曲折、传奇，无论业绩怎样辉煌，无论人生是喜剧或悲剧，每个人都在做着从宇宙中来又回到宇宙中去，从点到圆又从圆到点的归根复命的旅行。

人的思维是圆的："人的认识不是直线（也就是说，不是沿着直线进行的），而是无限近似于一串圆圈，近似于螺旋的曲线。"（列宁语）

总之，万物皆以圆统之。整个世界宛如湖面上一张青盘滚珠的大荷叶，叶上洒水，散为露珠，大者如豆，小者如粟，细者如尘，无不浑然圆成！

设若不从哲学的背景与文本对话，就难以理解圆月、西瓜、银圈、圆脸、竹匾的形态之圆。

其次，从美学层面看。

圆是一大美学定理。

古希腊毕达哥拉斯派提出："一切立体图形中最美的是球形，一切平面图形中最美的是圆形。"

在一切形式中，圆是最和谐、最完美的形式，圆常常给人以满足、快乐和幸福的感觉。圆美的本质是圆的流转变化，因流转变化，事物才变得绚丽多姿，气象万千。

圆是完美的极致，是无以复加的美。

设若从美学的层面与文本对话,就不难管窥月圆、瓜圆、圈圆、脸圆、匾圆的大美。

最后,从心理层面看。

圆,是人类的心灵图腾,是人类精神的寄托与慰藉。以圆为美是人的一种心理特征,是一大审美法则。对"圆"的同构是无意识的,并且是集体无意识的,所形成的"圆"之原型,在"所有人身上都是相同的,因此它组成了一种超个性的心理基础,并且普遍地存在于我们每一个人身上",它以"无声的命令"决定、支配着人的行为,使我们都以祖先的同样方式把握世界和作出反应——"以圆为美"。

人们渴望生活"圆满",精神"圆成"。圆是中国文化中的一个重要精神原型与心理期盼。

然而,人生总是有欠缺的,是不圆满的。所以,缺什么,爱什么。爱圆,圆对人性是一种安慰,是一种心理补偿。

阔别三十载,再回原乡。与其说是在视觉回忆圆月、西瓜、银圈、圆脸、竹匾的形态圆,不如说是在这种"圆"里回归童心(因为只有一个人达到人生智慧和真趣的极致,才能"复归于婴孩",与其精神状态一致,有一颗真纯朴素的童心),寻回那份单纯、质朴、率真、爱与神圣,享受一份心理的安宁与抚慰。

自然,回原乡,咀原点,也是为加深体验今天,展望明天。作家的使命之一就是回想人生的原点,带着读者领悟原点,眷恋原点。文学有义务、有责任达到其所在历史时期的最高认识,并将其提升到哲学洞照的层面。

第三层级:读出"怎么办",对文本进行策略选择。

策略选择,意味着在与文本对话"过程"中进行思考或行动选择。

我们要学会追求圆满,追求"人性的圆满";追求"天地人合一"的圆满;追求在变中圆,在圆中变的圆满。

同时,我们还要善于从作者那里习得用笔的"神圆"。况周颐曾云:"笔圆下乘,意圆中乘,神圆上乘。"笔圆是形式的完美体现,意圆是情感通过形式恰当地表现，神圆则是浑化无迹、微妙玄深的圆融至境。何以达至？文以气为主，气昌则辞达，气通则神圆。这里的气主要指涉精气、才气、灵气、神气。它是圆点之气，圆融之气，圆明之气。气，要养，要根据自己的个性特点通过主观努力以静养气，以心养气，以志率气。气韵充盈，蕴思含毫，放言落笔，文章自然神圆天成。

寻找文本对话的交集

组文对话意味着根据教学需要组选两篇或两篇以上的文本进行对话。

组文对话的命门在于寻找精神图式的交集。为什么这样说？不同的语言或文本之间，纵使其表现形式完全不同，但它们之间也能够交流对话。这说明，不同的语言或文本之间，一定有交集，一定有其内在的共同的东西——人类的"共同语"——一种普遍的思想语言。它承载着民族的、人类的共同的思维与情感的成果，隐含着一个民族甚至整个人类的一种共有的精神图式。故此，组文对话的命门旨在寻找精神图式的交集。

语文实质上有三个层面的东西：一是语音、文字、词汇和语法，这是最表层的东西；二是语言的技巧，包括修辞、章法、为文技巧等，这是较深层的东西；三是精神图式，这是核心层的东西。精神图式又包括两个层次：一是民族的精神图式；二是人类的精神图式。精神图式才是语文的真正内核。

怎样从组文对话中寻找精神图式的交集？

把《母亲的账单》和笔者的《母亲·孩子》进行组文对话——

母亲·孩子

（一）

美国通用电器公司首席执行官杰克·韦尔奇小时候口吃，面对别人的嘲讽，他很自卑。但他的母亲却说："孩子，这是因为你的嘴巴无法跟上你聪明的脑袋之故。"后来，杰克·韦尔奇在自传中写道："这是我听到的最妙的一句话。就是这句话使我抖起了精神。"

(二)

吴昊在树林里玩耍，不小心刮破了裤子。母亲面对孩子裤脚上的破洞，安慰他说："不要紧，哪个小孩不贪玩？你奶奶说你爸小时候比你还顽皮。"说着她帮孩子把裤子脱下来，用彩线在破洞上绣了一朵漂亮的小花，好像原来那里就有一朵花。那朵花宛如母亲脸上灿若朝阳的微笑。

(三)

星期天，大卫正带着他五岁的儿子约翰修剪家门前的草坪，妻子喊他到室内接电话。小约翰趁机推起割草机面向花圃"施展才华"，所到之处，花尸遍地。大卫看到自己精心培育的花草顷刻间惨遭厄运，怒不可遏，冲着约翰抡起了拳头。这时，妻子简走过来轻轻地拍了拍他的肩膀，温柔地说："我们是在养孩子，不仅仅是在养花！"

读了上文那些经久不灭的故事，我们不禁要追问：孩子从中究竟享受到了什么？每个人可能会见仁见智，言人人殊。但在我看来，孩子首先是享受家庭，准确地说是享受母亲。母亲是所有生命的发源地，是所有情愫的根系，是绵延生活的港湾。享受母亲，就是享受母亲言传身教中所表现出的阔达的胸襟与温暖的目光。生而为人，孩子不可能自主地选择母亲，看来，孩子最大的幸运莫过于遇到合格的母亲了。合格的母亲终将谙悉：真正成就一个孩子，靠板起面孔一味地说教是没有用的，而需要抓住契机，以小见大，灵转地说好每一句话，巧慧地做好每一件事，切不可错失良机，以大见虚，单纯地利用假大空的词语包装一些缥缈绝尘的幻境。

如果每个母亲都能"抓住契机，以小见大，灵转地说好每一句话，巧慧地做好每一件事"，哪个孩子不能成功？

这不正是人类共同追求的、能够启迪人们健全心智的精神图式的交集吗？这难道不是语文教育的内核？从这个意义上来说，学习做母亲，是需要修炼一生的功课。有人说，治理一个国家只要教育好两种人：官员与母亲。为官清廉，国有希望；做好母亲，人类有希望！

文本对话从线性思维走向非线性思维

相对于以非线性思维与文本对话，倘若教师只能以线性思维与文本对话，对话的不到位、不全面、不深刻，甚至不能从本质上真正读懂文本，便会纷至沓来。

何谓线性思维？

在我看来，线性思维是一种直线的、单向的、单维的、缺乏变化的思维方式。其特点有三：一是思维遵循既定逻辑规则和秩序；二是思维结果唯一；三是思维方向单一。它属于静态思维。

以线性思维与文本对话，往往只满足于关注文本"有几个生字、词语，有几个难以理解的句子，有几种修辞方法，有哪些写作特点，主要内容与中心思想是什么"等知识点与考点层面的信息。而这些被关注的信息，一方面来自神圣权威的教参，另一方面来自指挥魔棒——考纲。以纲为纲，以本为本与文本对话，行走的是"字、词、句、篇"的"直线"，看到的是教参标准答案的"单向度"，听到的是考纲刚性要求的"单维声"。如此这般教书30年，只不过是把第一年的备课重复了30遍已。

一如小猫转着圈儿咬自己的尾巴，以线性思维与文本对话，永远接近不了本真意义的读懂文本。

教师应该怎样与文本对话，才能真正读懂文本呢？

我们不妨尝试用非线性思维与文本对话。

什么是非线性思维？

先举个例子来讲，如问：两只眼睛的视敏度是一只眼睛的几倍？很容易想到的是两倍，可实际是6~10倍！这就是非线性。

非线性思维，是指相互连接的非平面、立体化、无中心、无边缘的网状结构，类似人的大脑神经和血管组织。通常在人的潜意识里完成的非线性思维属于右脑思维，它有助于拓展思路，看到事物的普遍联系，更真实地接近事物本体。所以，以非线性思维与文本对话才能达至本真意义上的读懂。

下面，我们试以《风筝》与《慈母情深》为例谈一谈。

《风筝》是一篇三年级的课文，听过不少教学，教者仅仅在"做"风筝的过程、"放"风筝的快乐、"找"风筝的失落上引领学生与文本对话，终难跳出线性思维的窠臼。以至于有一次，一个学生当堂质问老师："风筝找不到了，孩子们为什么垂头丧气地坐在田埂上……？"老师一时语塞。另一次，一个孩子当堂叩问："风筝，为什么不见了？"老师"挂"在了黑板上。

设若运用非线性思维与文本对话，真正读懂了《风筝》，问题可能就会迎刃而解，不至于如此窘迫了。

譬如，我们不妨先在自己的"心空"中，多放飞几只"风筝"。

首先，我们可以放飞鲁迅《风筝》的"风筝"——

北京的冬季，地上还有积雪，灰黑色的秃树枝丫杈于晴朗的天空中，而远处有一二风筝浮动，在我是一种惊异和悲哀。

故乡的风筝时节，是春二月，倘听到沙沙的风轮声，仰头便能看见一个淡墨色的蟹风筝或嫩蓝色的蜈蚣风筝。还有寂寞的瓦片风筝，没有风轮，又放得很低，伶仃地显出憔悴可怜模样。但此时地上的杨柳已经发芽，早的山桃也多吐蕾，和孩子们的天上的点缀相照应，打成一片春日的温和。我现在在那（哪）里呢？四面都还是严冬的肃杀，而久经诀别的故乡的久经逝去的春天，却就在这天空中荡漾了。

但我是向来不爱放风筝的，不但不爱，并且嫌恶他（它），因为我以为这是没出息孩子所做的玩艺。和我相反的是我的小兄弟，他那时大概十岁内外罢，多病，瘦得不堪，然而最喜欢风筝，自己买不起，我又不许放，他只得张着小嘴，呆看着空中出神，有时至于小半日。远处的蟹风筝突然落下来了，他惊呼；两个瓦片风筝的缠绕解开了，他高兴得跳跃。他的这些，在我看来都是笑柄，可鄙的。

有一天，我忽然想起，似乎多日不很看见他了，但记得曾见他在后园拾枯竹。我恍然大悟似的，便跑向少有人去的一间堆积杂物的小屋去，推开门，果然就在尘封的什物堆中发见（现）了他。他向着大方凳，坐在小凳上；便很惊惶地站了起来，失了色瑟缩着。大方凳旁靠着一个胡（蝴）蝶风筝的竹骨，还没有糊上纸，凳上是一对做眼睛用的小风轮，正用红纸条装饰着，将要完工了。我在破获秘密的满足中，又很愤怒他瞒了我的眼睛，这样苦心孤诣地来偷做没出息孩子的玩艺。我即刻伸手折断了蝴蝶的一支翅骨，又将风轮掷在地下，踏扁了。论长幼，论力气，他是都敌不过我的，我当然得到完全的胜利，于是傲然走出，留他绝望地站在小屋里。后来他怎样，我不知道，也没有留心。

然而我的惩罚终于轮到了，在我们离别得很久之后，我已经是中年。我不幸偶而（尔）看了一本外国的讲论儿童的书，才知道游戏是儿童最正当的行为，玩具是儿童的天使。于是二十年来毫不忆及的幼小时候对于精神的虐杀的这一幕，忽地在眼前展开，而我的心也仿佛同时变了铅块，很重很重地堕下去了。

但心又不竟堕下去而至于断绝，他只是很重很重地堕着，堕着。

我也知道补过的方法的：送他风筝，赞成他放，劝他放，我和他一同放。我们嚷着，跑着，笑着。——然而他其时已经和我一样，早已有了胡子了。

我也知道还有一个补过的方法的：去讨他的宽恕，等他说，"我可是毫不怪你啊。"那么，我的心一定就轻松了，这确是一个可行的方法。有一回，我们会面的时候，脸上都已添刻了许多"生"的辛苦的条纹，而我的心很沉重。我们渐渐谈起儿时的旧事来，我便叙述到这一节，自说少年时代的胡涂。"我可是毫不怪你啊。"我想，他要说了，我即刻便受了宽恕，我的心从此也宽松了吧。

"有过这样的事吗?"他惊异地笑着说，就像旁听着别人的故事一样。他什么也不记得了。

全然忘却，毫无怨恨，又有什么宽恕之可言呢？无怨的恕，说谎罢了。

我还能希求什么呢？我的心只得沉重着。

现在，故乡的春天又在这异地的空中了，既给我久经逝去的儿时的回忆，而一并也带着无可把握的悲哀。我倒不如躲到肃杀的严冬中去吧，——但是，四面又明明是严冬，正给我非常的寒威和冷气。

一九二五年一月二十四日

与鲁迅的《风筝》对话，抓住第四节的一句话："游戏是儿童最正当的行为，玩具是儿童的天使。"难怪放风筝的孩子快活地"一边奔跑，一边喊叫……"风筝断线了，飞跑了，找不到了，"天使"消失了，他们能不伤心吗？以至于他们垂头丧气坐在田埂上……

其次，我们还可以放飞林晓燕《挂在墙上的童年》的"风筝"——

妈妈说我终于变好了，变得沉默了。是吗？顿时我的心汹涌澎湃，因为它勾起了我对往事的回忆……

小学的我一直改变不了放纵的天性，学习成绩常落得"大红灯笼高高挂"，爸妈对此也采取了很多措施，但收效甚少。

有一次，我被小伙伴手中的风筝迷住了。回到家，我绞尽脑汁花了近一个星期才把风筝做完，这只风筝虽然粗糙、丑陋，但毕竟是我亲手做的，所以我格外珍惜。正在兴奋之时，爸爸推开门，见状，脸上立刻"晴转多云"。"拿来!"爸爸厉声命令我，我紧紧把它搂在怀里，爸爸一把夺过风筝，就要撕，"不要撕，不要撕……"我苦苦地哀求着。于是爸爸搬来了梯子,把风筝挂在高高的墙上,严厉地说:"以后不许碰它,除非你考第一!"

从那时起,我明白了:童年已不属于我了。于是我收敛了一切贪玩的行为,开始了全新的学习生活,从此,我变得沉默了。

终于,我考了全班第一。爸妈脸上露出了久违的笑容。可他们不知道,女儿的脸上有多少疲劳和无奈啊!

在以后的日子里,我经常得第一,可谁也没提起那个可怜的风筝,那个未能翱翔的风筝。

几年过去了,当我从墙上取下它时,它已破旧、发黄、粘满蛛丝。看着它,我禁不住哭了,为我不幸的童年哭泣,因为别人的童年是在欢乐中度过的,而我的童年却被挂在了墙上。

与林晓燕的《挂在墙上的童年》对话,孩子们的疑问——"风筝,为什么不见了"——的答案便清晰地浮出了水面:原来,风筝被一只只厌恶孩子玩耍的手,撕掉了,或者挂在了墙上。

最后,我们可以放飞周国平《童年的价值》的"风筝"——

在人的一生中,童年似乎是最不起眼的。大人们都在做正经事,孩子们却只是在玩耍,在梦想,仿佛在无所事事中挥霍着宝贵的光阴。可是,这似乎最不起眼的童年其实是人生中最重要的季节。粗心的大人看不见,在每一个看似懵懂的孩子身上,都有一个灵魂在朝着某种形态生成。

……

对聪明的大人说的话:倘若你珍惜你的童年,你一定也要尊重你的孩子的童年。当孩子无忧无虑地玩耍时,不要用你眼中的正经事去打扰他。当孩子编织美丽的梦想时,不要用你眼中的现实去纠正他。如果你执意把孩子引上成人的轨道,当你这样做的时候,你正是在粗暴地夺走他的童年。

这三只"风筝",与文本中的"风筝",在我们的心空放飞,对话。这时,我们再去与文本对话,还能仅仅是看到风筝吗?

不!风筝是儿童玩具的隐喻。换句话说,放飞风筝,便放飞了孩子的童年;没收了风筝,便没收了孩子的童年;撕毁了风筝,便撕毁了孩子的童年!

以相互勾连、相互牖启、相互融合的非线性思维与文本对话,不仅可以在文本与文本之间展开,还可以在同一文本内部进行。

下面我再结合《慈母情深》谈谈。

我曾多次听老师教学梁晓声的《慈母情深》,遗憾的是千课一面的多,九九归一,总是落脚在"情"怎样"深"上。

"情"为什么"深",便鲜有人读懂了。

设若以非线性思维与文本对话,我们就会重新发现母亲!

第一个层级的发现:母亲是个"苦"母。

她工作环境噪音大:"八十台缝纫机发出的噪声震耳欲聋";温度高:"周围几只灯泡烤着我的脸"。经年累月工作在这样的环境下,母亲脊背弯曲了,手指龟裂了:"掏出一卷揉得皱皱的毛票,用龟裂的手指数着"……工作着实辛苦啊!

其实,每个母亲都很辛苦啊!有人说,天底下有一条苦不尽的河流叫母亲。

第二个层级的发现:母亲是个"慈"母。

无怨无悔供养孩子吃穿,这就是慈母。如此慈母,天下不计其数,但单靠"劳其筋骨,饿其体肤"能解放自己,解放孩子吗?

第三个层级的发现:母亲是个圣母。

"爱孩子连母鸡都会",更高质量地爱是发现孩子的兴趣,尊重孩子的兴趣,激发孩子的兴趣,点燃孩子的兴趣:"母亲却已将钱塞在我手心里了,大声对那个女人说:'我挺高兴他爱看书的!'"

书中自有"生产力"。读书,让孩子读书,就是为了解放生产力,解放千千万万个像母亲一样从事技术含量很低的工作,流血流汗很多,经济收入很少的劳动者的生产力!

母亲可能不识字,但是,她懂教育;母亲不是作家,但是她成了作家的母亲。这样的母亲,难道不是圣母?

有了圣母,便有了圣子。

不是吗?圣母给了圣子一本《青年近卫军》;圣子便还圣母以《浮城》《死神》《父亲》《人间烟火》《白桦树皮灯罩》《一个红卫兵的自白》《今夜有暴风雪》《这是一片神奇的土地》《天若有情》等一部部宏篇巨著。

用非线性思维与文本对话,我们不仅读出了"苦母、慈母、圣母"的情深似海,同时还读出了"学子、孝子、圣子"的情满人间。

慈母情深,不仅"深"在母亲单向度地朝儿子注射母爱,而且"深"在儿子理解母爱并"报得三春晖"。不是吗?

用非线性思维与文本对话,是一种艺术。这种艺术仿佛一只伸向黑暗的手,它把握住慈爱,变成了一只馈赠之手。

与文本广角对话

一、怎样与《一去二三里》广角对话

这是一年级识字课《一去二三里》的课文——

一去二三里，
烟村四五家。
亭台六七座，
八九十枝花。

怎样与之广角对话？

（1）让每个孩子都写好"一、二、三、四、五、六、七、八、九、十"，具有十分广泛的奠基意义，因为汉字的基本笔画大都包括在这十个数字之中了。

（2）让每个孩子都读好这首童谣，它文字简单，意思简单，节奏简单，但它情感深刻，意义丰富，韵脚美丽，对于启发孩子对文字的感受、音乐的向往意义广远。

（3）"贤者识大，不贤者识小。"数学和音乐是人类精神中两种伟大的产品，前者运用这十个数字造出了一个无限真的世界，后者仅用了前面七个数字就造出了一个无限美的世界。

（4）在作家林清玄看来，"一去二三里"能繁衍一个更广大的世界：

十年夜雨心不冷，
百鸟飞远天不远。
千山越过水不浊，
万花落尽春不尽。

他说：有谁知道我的"十百千万"，我的文学启蒙就来自这首"一去二三里"的童谣呢？

（5）一命二运三风水，四积阴德五读书，六名七相八敬神，九交贵人十养生，这是中国人的生存智慧。我们就活在"一、二、三、四、五、六、七、八、九、十"里。

二、怎样与《全神贯注》广角对话

我们可以将"篇"置于"类"中，进行广角对话。

法国大雕塑家罗丹邀请奥地利作家斯蒂芬·茨威格到他家里做客。饭后，罗丹带着这位挚友参观他的工作室。走到一座刚刚完成的塑像前，罗丹掀开搭在上面的湿布，露出一座仪态端庄的女像。茨威格不禁拍手叫好，他向罗丹祝贺，祝贺又一件杰作的诞生。罗丹自己端详一阵，却皱着眉头，说："啊！不，还有毛病……左肩偏了点儿，脸上……对不起，请等一等。"他立刻拿起抹刀，修改起来。

茨威格怕打扰雕塑家工作，悄悄地站在一边。只见罗丹一会儿上前，一会儿后退，嘴里叽哩咕噜的，好像跟谁在说悄悄话；忽然眼睛闪着异样的光，似乎在跟谁激烈地争吵。他把地板踩得吱吱响，手不停地挥动……一刻钟过去了，半小时过去了，罗丹越干越有劲，情绪更加激动了。他像喝醉了酒一样，整个世界对他来讲好像已经消失了——大约过了一个小时，罗丹才停下来，对着女像痴痴微笑，然后轻轻地吁了口气，重新把湿布披在塑像上。

茨威格见罗丹工作完了，走上前去准备同他交谈。罗丹径自走出门去，随手拉上门准备上锁。

茨威格莫名其妙，赶忙叫住罗丹："喂！亲爱的朋友，你怎么啦？我还在屋子里呢！"罗丹这才猛然想起他的客人来，他推开门，很抱歉地对茨威格说："哎哟！你看我，简直把你忘记了。对不起，请不要见怪。"

茨威格对这件事有很深的感触。他后来回忆说："那一天下午，我在罗丹工作室里学到的，比我多年在学校里学到的还要多。因为从那时起，我知道人类的一切工作，如果值得去做，而且要做得好，就应该全神贯注。"

课题"全神贯注"，即是文眼。文眼表现在第二节。

教师与文本对话时，对第二段"媚眼飞飞"：

先是观赏罗丹的动作——"一会儿上前，一会儿后退……把地板踩得吱吱响，手不停地挥动"。

再是聆听他的语言——"嘴里叽哩咕噜的……好像跟谁在说悄悄话"。

然后是凝视他的神情——"忽然眼睛闪着异样的光……情绪更加激动了……像喝醉了酒一样，整个世界对他来讲好像已经消失了……对着女像痴痴微笑"。

最后是理解他全神贯注的工作状态。

如此，抓住重点段，扣关键词语与文本对话，固然扎实，但是，如果能抓住牵一发而动全身的最后一句——"我知道人类的一切工作，如果值得去做，而且要做得好，就应该全神贯注"，将"篇"置于"类"中（不光是同类，还可以是异类），从"广度"出发，多角度、多途径、多层次、跨学科、全方位地与"全神贯注""立体对话"，营养会更全面，效果会更突出。因为这样不仅知道了怎样"全神贯注"，还明白了为什么要"全神贯注"。

有人曾采访过一个优秀的棒球打击手："投手的球速都在时速一百公

里以上,如何能打中那么快速的球呢?"

"棒球的速度虽然在一百公里以上,但是如果进入真正的专注,投过来的球,就像电影的慢动作一样,一旦能进入那最精确的状态,小小的球也像放大了好几倍,打中并不是难事。"

"这简直是超能力!"

"这不是超能力,而是突破了某种极限,极限的突破来自一点点的天资和绝大部分的苦练。"

不只是体育,智育也会有如此神奇的境界。从原子到质子到中子到夸克……,科学家一路上看见了那些更细小的结构,细小在他们眼中就是巨大。从细胞组织到基因排列,生命科学家揭开了生命的许多谜题。画家能分辨出一百种以上的色彩,绿中有绿,红中有红,这是平常人看不到的。音乐家能听到花开的声音、阳光的声音、天堂的声音,声外有声,音外有音,所有的声音融合为天籁。

人人都有超能力,超能力来自全神贯注。

纵使烈火焚身,哥白尼依然全神贯注,捍卫了"日心说";

纵使风高浪汹,哥伦布依然全神贯注,发现了"新大陆";

纵使双耳失聪,贝多芬依然全神贯注,创作了"交响曲";

纵使双目失明,弥尔顿依然全神贯注,著就了《失乐园》;

……

全神贯注就像一滴水,我们看不出它的力量,压扁了,利如钻刀,能切割坚硬的大理石;凝固了,硬如钢石,能裂开顽固的石块;汽化了,迅如奔马,能创造强劲的能源。

全神贯注的心灵不就是"一滴水"吗?

"提领而顿,百毛皆顺"——"全神贯注",是做好一切事情的不二法门。

找到靶点，精准对话

每篇文质兼美的教材文本都是一部艺术作品。它作为完美典范的标志，就在于它为精神享受提供了丰富的对话可能。如何找到靶点，与文本精准对话呢？

一、"读"为靶点，层层深入，精准对话

譬如，与十四行诗《长翅膀的太阳》对话——

真想让太阳长一对翅膀，
天上就多了一只太阳鸟，
让它在蓝天里自由飞翔，
一边飞，一边自由鸣叫。

它的歌声是这样温暖，
给人们心头带来了光明，
孩子们看见了笑得更甜，
盲人听见了也睁开眼睛。

天上飞翔着光明的使者，
飞临千万年的冰山雪谷，

给沙漠送去明亮的小河，
　　让高山荡起潋滟的小湖。

　　长翅膀的太阳是我的心，
　　把光和热送给所有的人。

一读，读得正确、流利。

二读，读出节奏、韵律。节次：四、四、四、二；韵脚形式：ABAB、CDCD、EFEF、GG。

三读，读出起承转合。第一节，起；第二节，承；第三节，转；第四节：合。

四读，读出天人合一。第一节，天上；第二节，人间；第三节，天上、地上；第四节，"天人"——"太阳""我"，"合一"——"长翅膀的太阳是我的心"。天人合一的人，是有光和热的人；天人合一的人，是把光和热照射人人的人；天人合一的人，是无私的人；天人合一的人，是有德的人。天人合一，就是天人合"德"。

二、"词"为靶点，不断追问，精准对话

　　你可知道在乡村里，有多少东西宛如达芙妮变成的月桂树，表面波澜不惊，内里凄美动人。每每与"深蓝的天空中挂着一轮金黄的圆月……"（《少年闰土》）对话，我总爱追问"天空"，空是结果吗？这样一种康德式的追问必须得到诠释，空境界才拥有其存在的合法性而可能成为果论的依据。《华严经》有一句颂言发人深省："如是慧境，平等如虚空。"虚空与慧境界对应。凭什么对应？平等。什么平等？虚空的平等。虚空的平等是什么平等？无条件的平等，无障碍的平等，无限制的平等，就像挂在空中的一轮圆月的光亮照射在虚空中，于虚空中满布。这种满布无条件，无障碍，无人为设置的囿限：朗照一望无垠的西瓜地

和项带银圈的少年闰土。

三、"句"为靶点，哲理思辨，精准对话

很多对话是怎么开始的？往往就是从一个很小的切口，诱惑你的原因没有多么强有力，也没有什么宏伟蓝图，无非就是一句大实话。

（1）与"母亲扑过来抓住我的手，忍住哭声说：'咱娘儿俩在一块儿，好好儿活，好好儿活……'"《秋天怀念》对话，我总在想：我们可能永远不知道此刻正在经历一段怎样不可回溯的历史，自己正在爱着一个什么样的人或被一个什么样的人热爱着，永远不清楚自己正身处何样的人生，也不会预料自己正走向哪种形式的告别。那些不能说的秘密，那些来不及的告别，就这样闯了进来，残忍又温情。人是否生来就可悲，而在遭遇某个不幸时会感到吃惊？是否由于某种灾祸就不禁悲伤哀恸？——是的，人非常有理由悲叹他生来就是可悲的。可是任何悲伤注定都是没有结果的，不能改变命运中注定的事情。生活是现实的，谈不上残酷，因为它对谁都没有心软过。但是，生活中依然有"好好儿活"的种种可能性，尽管在一切可能性中反映出来的只是自身存在的一种无法逃脱的不可能性。我们依然要对人对己，再多些耐心、理解、容让，再多些低标准、宽要求，再多些和颜悦色、天高云淡。具体到每一天，就是大刀阔斧地剥掉一切虚假和表面，真实清醒地，踩在大地上。低下头，关起门，过好自己的日子，带好自己的孩子。使自己活得健健康康、漂漂亮亮、高高兴兴。无论身在何处，我们只能从我们自身寻找或者获得幸福。

（2）与《二泉映月》中的"……听着，听着，阿炳的心颤抖起来。他禁不住拿起二胡，他要通过琴声把积淀已久的情怀，倾吐给这茫茫月夜。他的手指在琴弦上不停地滑动着，流水、月光都变成了一个个动人的音符，从琴弦上流泻出来。起初，琴声委婉连绵，有如山泉从幽谷中蜿蜒而来，缓缓流淌。这似乎是阿炳在赞叹惠山二泉的优美景色，在怀

念对他恩重如山的师父，在思索自己走过的人生道路。随着旋律的升腾跌宕，步步高昂，乐曲进入了高潮……"对话，精神闪动的瞬间，我忽然明白：每个人都知道目盲是一种缺陷，但未必知道"缺陷"同时完全能够补偿。我倒比较喜欢昔勒尼派人物安提帕特的巧妙回答。他眼瞎了，有几位妇女来安慰他，他说："什么！你们以为在黑暗中就没有欢乐了吗？《二泉映月》不正是阿炳的快乐吗？"

（3）与"很久很久以前，地面上没有火，人们只好吃生的东西，在无边的黑暗中度过一个又一个长夜。就在这时候，有一位名叫普罗米修斯的天神来到了人间，看到人类没有火的悲惨情景，决心冒着生命危险，到太阳神阿波罗那里去拿取火种"对话，难道你不觉得每件好事都是要付出代价的吗？

（4）与"有一天，著名的大力神赫拉克勒斯经过高加索山，他看到普罗米修斯被锁在悬崖上，心中愤愤不平，便挽弓搭箭，射死了那只鹫鹰，接着又用石头砸碎了锁链。普罗米修斯——这位敢于从天上拿取火种的英雄，终于获得了自由"对话，我在思忖：人何以承受悲苦人生？不同的文化种类都是为了解决这个人生难题而提供通道和办法。希腊人为了抵抗悲苦人生而创造出来一个"假象世界"。"假象世界就是诸神世界"，普罗米修斯正是其中的一个神。尼采认为，"悲剧——形而上学文化"能够正视人世痛苦，通过形而上学的慰藉来解放悲苦人生。"在假象中获得解救"。假象意味着闪耀、闪亮，因而是光辉灿烂的，"假象"之所以"假"，是因为美，是美化的结果。

找到靶点，与文本精准对话，不是重蹈"标准答案"的覆辙，而是"重新认识"在成堆的信号群中难以真正掌握的信息。借助文本对话，超越文本，不断开辟新的对话虚空，作为进一步对话的出发点。走过文本的原野，肩膀上总会落下一颗蒲公英的种子。踩过文本的溪石，裤脚总会挂上雨露。在文本中翻山越岭，你要记住，一星一辰，跳动的阳光，拂面的微风，这些都是追随你的精灵。

第四辑
与自我对话的艺术 4

- 好好经营自己的心
- 在对话中看到自己
- 自然的一切,都是对话的法身
- 你是我对话的重要他者
- 自主的能量
- 想大问题,做小事情
- 艺术的目的是延续美丽
- 在教室里,没有谁是普通人
- ……

好好经营自己的心

人,不仅是从下往上生长,更重要的是从里向外生长。说白了,就是心在生长。我们可要好好经营自己的心啊!

一、中心

从前,埃及人认为孟菲斯是世界的中心;希腊人认为德尔菲是世界的中心;英国人认为伦敦的堪培拉花园是世界的中心;罗马帝国认为万神殿是世界的中心;盛唐则认为长安是世界的中心。现在,俄罗斯人认为莫斯科是世界的中心;美国人认为华盛顿是世界的中心。

这种自认为是中心的观点,没有错,因为地球是圆的,不管以哪一点为圆心,它都可以是中心。

其实,世界的中心不是地理、历史上的,而是人心上的。世界的中心是人心。那么,家庭、学校、社会教育的重心亦当是人心。我们当好好经营这个"中心",每次的教育教学对话,用心做到直奔中心,直指人心,以心印心,心心相印。

二、"祭"心

远古农人,每年秋天都要举行秋祭——把当年新收获的稻谷、第一碗新米饭、第一个新馒头、第一个新摘下来的水果、第一碗新酿成的米酒供奉天地,感谢这一年在春播、夏长之间帮了忙的天地万物,包括昆虫等，都要一一感谢、一一报答，这就叫报本。

报本的目的是为了返始：明年还要春播，还要夏长，还要秋收，报本反始，原始反终，这就是一个良性循环。我们要认真体会祖先是一种什么样的原始生活形态，是一种什么样的生活心态。

直到今天很多地方的农村还有"吃新的习俗"，"吃新"就是吃新米饭这一天，要到野外去，把新米饭插上两支稻穗，要供酒祭奠，还要拜天地。这是一种感情，一种理念，一种崇拜意识。

为什么是这种形式、这种理念？只有在这种情况下，你的心态才真正是虔诚的、诚恳的。因为你的虔诚、你的诚恳，你的心灵静了下来，"止于至善，知止而后有定，定而后能静，静而后能安，安而后能虑，虑而后能得"。得的是什么？得的是一种悟性，一种启发，一种新的思维，一种新的灵感，这种灵感就是善念。

每一学年，学校都要送走毕业生，迎来"新生"，我们是否真正带有报本、崇拜的善念与"祭"心"吐故纳新"了呢？

三、谦心

谦心，即谦卑的心。

谦卑比慈悲更难。

慈悲是把众生当成自己的子女，从心底发起自然的慈爱与关怀；谦卑是把众生当成自己的父母，从心波生起自然的尊重与敬爱。无条件地爱子女是容易的，无条件地敬父母则是很少人可以做到的。

为人师者，能够怀揣着一颗谦卑的心行走三尺讲台，像爱自己的父母，像爱自己的兄弟姐妹，像爱自己的孩子一样爱学生吗？

四、"蒙"心

"蒙"心者，启蒙之心态也。

启蒙，又曰破蒙。第一次上学，就叫破蒙，把蒙昧给点破。

今天的教育，是不是给孩子破蒙呢？是破蒙，还是又给孩子蒙上了一些蒙昧呢？

"冰雪融化了变成什么？"学生回答："春天！"

结果被判错，因为标准答案是："水。"

如此僵化的标准答案，究竟是破蒙，还是重蒙？

五、残心

评断一个人的格调与韵致的高低，要看他的残心。

"掬水月在手，弄花香满衣"，最能表达此种残心，每一片有水的叶子都有月亮的映照，每一种言行都是人格的展现。

一个人，没有经过残心的滋养，就没有温柔的心，自然就不会有澄清、缜密、优美的心。

一个只能接受完美的人，他看到的总是残破，所以总会受到伤害；相反，一个能欣赏残破的人，看到的都是美，因为他从残破中能够发现美，所以这世间无处不美。

优质的教育不仅要注重塑造人追求完美的心，而且要砥砺人承受失败的残心。

六、禅心

没有参禅的时候，"看山是山，看水是水"；参禅的时候"看山不是山，看水不是水"；等到开悟之后再看，仍然是"看山是山，看水是水"，只是生活的内涵、品味不一样了。

没有课改的时候，"看课本是课本，看学生是学生"；课改的时候，"看课本不是课本，看学生不是学生"；领悟了课改的奥义后，依然是"看课本是课本，看学生是学生"，只是开始懂得用课本教，而不是教课本，和学生一起成长，而不是只关注学生的成长。

七、俗心

"三日不读书,面目可憎。"人过四十,就要对自己的颜面负责。这是劝慰一个人到一定的阶段要适切进行心灵美容。心灵的美容,关键是去掉一个字——俗。俗,是一种脏,一种内脏。人犯一"苟"字,便不能振;人犯一"俗"字,便不可医。不苟且的教师,才能在学校里立定脚跟;不俗气的教师,才能在课堂中心怀天下。

八、清心

当一个人认识到野菜的清香胜过山珍海味,当一个人认识到路边的石头比钻石更诱人,当一个人认识到聆听林间的鸟鸣比提笼遛鸟更惬意,当一个人认识到品尝一壶乌龙茶比享用一顿丰盛的晚宴更能清洗心灵,便拥有了清心。

清心不同于李白"人生在世不称意,明朝散发弄扁舟"的自我放逐,或者"人生得意须尽欢,莫使金樽空对月"的尽情欢娱;也不同于杜甫的"人生有情泪沾臆,江水江花岂终极"的痛心疾首,或者"人生不相见,动如参与商。今夕复何夕,共此灯烛光"的无奈喟叹。

清心是教师对平静、疏淡、简朴生活的认同与热爱,清心是教师心灵高洁的体现。

九、慧心

慧心,智慧的内心。它有五个层级。

一级慧心:正见。能正见世间万象,有因有果、有善有恶。

二级慧心:因缘。能了悟世间万物,有因缘存在,且相互关联。

三级慧心:空相。能理解空包含有与无。

四级慧心：见到真理。真理的条件一是普遍性，如人分男、女；二是必然性，如生命有生有死。发现真理之前，一切都值得怀疑一次。

五级慧心：照见五蕴。五蕴即"色、受、想、行、识"，其意是世界万物都不能孤立地存在，都是相互依存的。人与人、人与社会、人与自然，若不能和谐，就会痛苦。

十、空心

最大的空心，是宇宙一般的心胸。

有空心，才有包容心。

包容心有五个层次。

一层：兼容。异中求同，同中求异；同则相亲，异则相敬。

二层：交流。加深理解，消除误解，取得谅解，增进共识。

三层：对话。尊重差异，平等对话；不唯我独尊，不制造麻烦，不加剧对抗。

四层：共处。"己所不欲，勿施于人。"

五层：共进。在双赢或者多赢中携手共进，而不是两败俱伤或者全军覆没。

每一种生存都有生存的道理，感谢赞同我们的人，也敬重那些持反对意见的人，他们是镜子和鞭子，让我们发现自己脸上的灰尘，鞭去我们身上的惰性，激发我们新的活力。

真正的教育要开启人的包容心，心胸有多大，事业就有多大；包容有多少，拥有就有多少。

十一、自心

《华严经》开示："善男子，应以善法，扶助自心；应以法雨，润泽自心；应以妙法，洁净自心；应以精进，坚固自心；应以忍辱，卑下自心；应以禅定，清净自心；应以智慧，明利自心；应以平等，广博自心。"

教育是神圣的，每一位老师都是教育界的善男信女，在广大的教育时空中，个体固然渺小，无法含水泼熄燃烧的欲火，也不能安静喧嚣的尘世，但我们可以香光庄严，觉悟遍满，环保自心。

十二、欢心

一只黑色的凤蝶飞入朱槿花丛采花蜜，黑色的蝶在红色的花间穿梭飞舞，煞是好看。

朱槿花以蜜送给凤蝶，让凤蝶快乐地传播花粉。

凤蝶以快捷服务，传送新鲜花粉来酬报朱槿花的蜜。

花与蝶共同的欢心创造了春天。

如果没有凤蝶来访，朱槿花也会欢心地开，不减损自己的美丽。

如果朱槿花不开，凤蝶也会欢心地飞，不会失去自己的姿采。

这才是欢心的真意！

教育的百花园里，教师如蝶，孩子似花。蝶从花丛过，只取其香，不损其色；只传其粉，不毁其本。这是我们应该追求的一种两全其美、各美其美、美不胜收的教育大美的境地啊！

在对话中看到自己

　　自然，出水芙蓉，天然雕饰。诗话自然，天地本然。
　　自然，率性而为，我行我素。艺术自然，浪漫使然。
　　自然，命令自然，服从自然。哲思自然，回归实然。
　　自然，饿了吃饭，困了睡觉。禅说自然，自然而然。
　　自然，童年童言，童真童趣。锋言自然，生命应然。
　　自然，在一个地方呆长了，活久了，就觉得一切都很自然。
　　层叠密林的丘陵，很自然；牛百叶似的，繁复迷目，很自然；"深山藏古寺"，很自然。
　　隐匿虚静的一"藏"，遮不住突然发动，一如潜蛇吐信……瞬间出击，令人猝不及防，也很自然。
　　从豫中平原走过，一马平川的野绿，宛如铺开的巨幅荷叶，根根脉筋都交代得清清楚楚，很自然；那一刻，无须设防，很自然；尽情享受拥有的——免费的阳光、舒畅的空气、生命的律动，简单地说，就是享受自己，也很自然。
　　自然地享受自己，享受自己的自然，才能真正拥有自己。真正拥有了自己，才能真正拥有别人。君不见，田间地头，几多劳作的身影，那是天地间的素人，素面素心的素人。这素人，不就是自然人，不就是真人？看到了真人，就看到了自己。真人，可以显而易见吗？答案是肯定的。
　　2017年7月4日，鄢陵县委党校礼堂，中小学教师培训会上，1500

多双眼睛都看到了真人——

"每个人心中都有自己的'在乎'与'不在乎'",我让三名学生邀请台下三位老师走上主席台,写一写"在乎"+"不在乎"=?

三位老师抓耳挠腮之后只能思维空白。

现场上课的孩子写道:

在乎+不在乎=不在乎+在乎;

在乎+不在乎=在乎不在乎+不在乎在乎;

在乎+不在乎=左眼+右眼;

在乎+不在乎=一枚硬币;

在乎+不在乎=放在心上+不放在心上;

在乎+不在乎=每一个在乎后面都有一个不在乎=每一个不在乎后面都有一个在乎;

……

说实在的,这节课的课题"在乎,不在乎"相加,是没有标准答案的,每个人的回答都展现了他们思考问题的方式。通过这个脑洞大开的问题,可以一窥答题者的脑容量。

台上的教师是真人,台上的孩子也是真人,真人与真人进行了一场"脑容量"的大 PK。答案并不重要,重要的是太在乎"标准答案"+太不在乎突破自己思维的边界,被不在乎"标准答案"+在乎天马行空,打下了擂台;重要的是"在乎+不在乎"等于什么的真正价值在于激发学生思考,对所有人来说都有启发意义;重要的是孩子们才华横溢的回答扫荡的是聆听者思想的死角,照亮了一片全新的思维天空。

或许,有人会问:"在乎+不在乎等于什么意义何在?"记得意大利艺术家封塔纳曾在画布上给一刀,正是出其不意的这一刀,划破了多少人的固定思维模式。对话教学艺术,像所有的艺术一样并不需要别人在乎,真正的艺术家也并不在乎是否受到认可,不管别人能不能感受到,他们都在用创造性的作品传递着自己的情感和价值观,信仰的、人文的或社会的,"没意义"也同样是一种意义,不是吗?

的确,"在乎+不在乎等于什么"的教学对话艺术并不能直接提供知识,但它有个基本功能,就是给"我从来没有这样想过"的思维激荡。它让人更加思辨,更加敏锐,而不只是在它身上寻找历史信息;它把每个人都从环境意识的禁锢中解放出来,让人置身事外并获得自主的感知和判断。更大程度上,它更像一面镜子,与当下自身经验共振,让人看到自己。

孩子无疑是真人,他们的直觉思维简单率真敢越"雷池",那一刻,看到了真人,就看到了自己——我是一个智慧周全的教育者,还是一个智慧周全的待教育者?

一个人看别人的角度,往往就是他自己站立的地方。且他的所思所想并非被时代抛下之后的推脱说辞,而是有所为有所不为的主动选择与秉持担当。

自然的一切，都是对话的法身

一、书代替不了世界

书中自有黄金屋，书中自有颜如玉，书中自有千钟粟。

果真如此？

卡夫卡说，这是个错误。书代替不了世界，这是不可能的。在生活中，一切都有它存在的意义，都有它的任务，这任务不可能由别的什么东西来完成的。譬如，一个人不可能由别的人代替他体验生活。

不管卡夫卡有无话语权，权重几何，我们都不该不警醒于他的当头棒喝！

圣诞节就要到了，学校让外教凯德林老师帮助排演外语节目，需要利用周日。凯德林说："NO！因为周日不休息上帝不高兴！"我们没有办法代替凯德林体验生活，但我们有办法理解文化差异，尊重宗教信仰。理解与尊重文化差异、宗教信仰，也是一种不可由别人代替的体验生活。

读万卷书，没有人会告诉你，哪里是真理，哪里是谎言，所以，还需行万里路。如果，有人企图把学生生活一味地关在书里，就像把鸣禽关在笼里。说穿了，人们用书籍的抽象概念只不过为自己建造了一个牢笼。有的时候，有些"学究"只不过是提着各种试题的应试鸟笼，课上课下上蹿下跳的鹦鹉学舌者。

二、教师应该成为公务员

"你的孩子很乖巧、很真诚……"家长会上,班主任可劲儿地为儿子点赞,母亲说:"孩子他爸就听话,乖巧,有手有脚,没头没脑,是个很好的公务员……"

提到公务员,记得受访的卡夫卡曾摇摇头,说:"像他那样总担心失去自己职位的人,在某些情况下是会做坏事的。……今天,一个诚实的、按照公务条例得到丰厚薪水的公务员就是一个刽子手。为什么在每一个诚实的公务员身上就不会隐藏着一个刽子手呢?"

采访者当即驳斥,"公务员们可不杀人啊!"

"怎么不杀!"卡夫卡道,"他们把活生生的、富于变化的人变成了死的、毫无变化能力的档案号。"

……

其实,谁让公务员这样的呢?

哪个公务员不是考试考出来的呢?

所以,有人疾呼:教师应该成为公务员。

教师,早已是"公务员"了,譬如,标准化考试要求解释"一粥一饭"的粥,学生选"稀饭"被判错,因为标准答案是"淘洗干净的米放进清洁的水里,小火熬成黏稠状的物质"。那一场场考试,一项项标准答案,把一个个活蹦乱跳的思维,最终都化成了一个个分数。这"分数"不就是孩子的"档案号"?

三、自然的一切,都是对话的法身

学校上课铃声,改成了彼德·利兹的 *China Mass*(《中国弥撒》)。这位极具天赋的钢琴家探讨极乐净土的努力与用心,并没有赢得多数家长与老师的赞誉与青睐,有的干脆请求校方更换。

其实，彼德·利兹已在微笑地看着凡人在宗教藩篱中争执，看着俗众在法执的迷宫里大声争吵，而独自默默走向心灵的高点，因为他在心中深信，有一种情怀、一种境界超越了这一切。

山岚出岫，花雨飞天，虫鸟苏醒，古木沉静，兰桂松香，山高水远……自然的一切，哪一个不是教学对话的法身呢？

你是我对话的重要他者

手捧教材文本《爱是给予》，我暗自思忖——"给予什么呢？"

蓦地瞥见窗外一位妈妈正在给怀里的孩子一口一口地喂奶，孩子吃一阵儿奶，妈妈便把孩子立起来，轻轻拍一拍孩子的后背，然后再接着喂……这一口一口喂大的过程得需要多大的耐心，这耐心就是爱心。哪个沐浴着爱心的孩子不是这样被"耐心"地一口一口喂大的？遗憾的是现在有耐心的人太少，整个世界都在慌张。世上任何一种对话都需要耐心，所有的走马观花只能看到表象，倘若深入去对话，连一条纹理都在传递情感，如山丘的沟壑，水塘的涟漪，正在哺乳的妈妈眼角一丝细微的鱼尾纹。

其实，人的精神何尝不是一口一口被"耐心"喂大的？

人，只有在相互之间说点什么，其语言世界才会一点一点增长，一寸一寸长大。从这个层面上讲，人的语言世界，或者说精神世界是靠彼此对话相互喂养的。所以说，对话是人与人之间的实际精神关系。这种"关系"联姻的前提是审美。每个人都有自己的审美。审美是一种十分私人化的事情，正是这种私人化赋予了生活尤其是艺术以丰富性、意义和创造力。强行规定甚至试图统一人们的审美趣味、标准和意义，并不会满足傲慢的权力对某种道德高地的幻想和对艺术在左右道德能力上的幼稚期待，它只会戕害人们生存的情绪、信心和能力，尤其会让人们对艺术的理解力和创造力变得粗糙简单，最终拉低整个族群的品位、眼界和思维能力。审美是一个自由王国，体谅别人的自由，展示自己的自由。

基于此，审美的对话认为，每一个人都是一个语言的圈子，这种有着界标的语言圈子和其他有着界标的语言圈子发生接触，从而出现越来越多的语言圈子。由此产生的总语言，永远伴随着内在对话的无限性。这种真正意义上的对话，要说出一点东西，而不是给出预定的信号，要寻找一些契机，借此能与他者精神相遇。

你，是我重要的他者；我，也是你重要的他者。人人是人人的重要他者。他者，在对话中意味着"无限"。他者所构成的世界是无法与个人的我的存在相比拟的。每个人对于他者所必须承诺的责任是绝对的、无条件的、无限的、无偿的、不可计较的与不对称的。我对他者只能抱着一种"不打算取得回报的自我捐赠"的决心，以无代价地宽容、包容和关怀的态度和诚意，"回敬无限的他者"。

你和我生活的世界不只是现实的世界，而且也包括与它对立、并与它共存的"彼岸"。这个彼岸是超越的，但它的超越性及其与人共存，正是人的生存的基本条件。由他者所构成的彼岸，是可能性的无限世界，是人自身可以在一定条件下努力进行穿越的未知世界，也是时刻发生难以想象的变化的世界。

自主的力量

每次公开教学,我都创课。每次都有人问我:你有那么多驾轻就熟的课为什么不上,非要上"处女课"?每次我都剑走偏锋,诗意对话:"我是孤岛,身上带着烟雨濛濛的希望。"

这种"希望",依我看就是一种未知。未知的不确定性,意味着教学充满着无限可能的同时,也满布诸多不可能。不可能与可能,都需要尝试,一如特瑞莎说,上帝创造我们,不是要我们成功,而是要尝试。尝试可以让美好的教学对话一直在路上,从未停止探索。

探索未知,这样的教学对话才显得迷魅可爱,而那种一眼就望得到尽头的"已知"教学则显得狰狞可怖,因为其反复"彩排"与"对口型"提供的是一种独裁的教学范例,它把最合乎"规范"的限制强加于所有表达形式,不管是模式化的教学流程或花样翻新的技能技巧,都是为提供另一种形式的独裁而包裹的一层糖衣。虽然表面上所有的观摩者似乎都从这样的"样板课"中品尝到了"甜蜜"的一切,但是大多数人自己却未必知道这一切的真相。

对我而言,创课中的对话教学,不是登台去表演双簧,而是在自己的节奏里,有质感地去寻找那些伴随我成长并为我所深爱的倾心交流。

一次,六年级习作教学公开课,我请学生们描述一个失败的经历,然后从中学到了什么,怎样克服这个挫折。为了打消孩子们的顾虑,我说:这不是要曝光你,也不是要绊倒你,而是要看你面对挫折有什么样的能力,有什么样的解决方案。

一个学生写道：

我一直以为"勇敢"的意思就是没有惧怕。直到有一次"迟到"了以后，我才意识到，勇敢不是没有恐惧，而是即使恐惧，也要坚持做正确的事。

那是我上二年级的第一个学期，我遇到了一位全年级最严厉的班主任老师，好几个学生都因为迟到而被这位老师命令在全班面前罚站，以示警告。

一个周五，我家的闹钟因电池没有喂饱它的缘故而"罢工"，我醒来时已经是7点10分了，而我家到学校要20分钟，那天我要在7点20分轮值主持读书会。我吓坏了，求妈妈打电话给老师，就说我病了不能去上学。经过一番讨论，我同意妈妈把事情的原委告诉老师，征求她的意见。老师回电说，她虽不能对我有特殊对待，但因为我能来学校并在班上主动道歉，她愿意用这个例子来讨论勇气和诚实的重要性。

经历这一件事之后，我知道了怎样"处理惧怕"，并选择做正确的事。

这次与孩子对话，是一个过程。它是经历"未知"教学的对话过程。对话中，我和孩子处于现在，这个现在是变化不居的。它源于过去，孕育未来，而且正在通向未来。我不会说上文中"这个迟到的孩子"天生就是一个领袖，不过我可以肯定，经过多年选择做正确事情的锤炼，未来他一定能胜任领导的职位。在各种境况下，他都会有机会影响别人去做正确的事。这样，即使他天性胆小怕事，他也能成为一个领导者。

指向未知的每一次"创课"在我看来都是一种对话的行为艺术。在坚持行为艺术的道路上，阿布拉莫维奇说过："世上有各种各样的力量，而我一样都不喜欢，它们都暗示着一个人对另一个人的控制。让我感到惬意的唯一力量应该是自主的能量。"其实，每个人，哪怕是再普通的人，都有"自主的能量"。我曾经读过一本法国的小说，书名叫《优雅的刺猬》。一个年纪较大的门卫老太太，只负责给居住的人送钥匙。后来有一个日本的老头走进了她的世界，发现她的阅读量非常大，有一个大书房。你会看到一个特别平凡的人，但是她的精神世界却特别的富足，这难道不受益于她"自主的能量"？是的，"我是孤岛"，可是，我"身上带着烟雨濛濛的希望"。是的，"我是孤岛"，我的孤独就是我无条件同意自己的结果。可是，我"身上带着烟雨濛濛的希望"，因为我自己从来不是自己的偶像。

想大问题，做小事情

一、教师的小事情

"想大问题，做小事情"，诗意而哲学地讲就是要仰望星空、脚踏实地；时尚而现实地讲就是要做中国梦，教一课书。

小就是大，大就是小。人人都做好小事情，才能真正解决大问题；人人都上好一节书，才能真正把教育搞好。

要有一个向好的心态，每上一节课，要设想全人类都在倾听。你的一节课有可能改变一个人一生的命运。

二、小学的小事情

小学做到五好，就是把小事做好——写好字、读好书、唱好歌、做好操、扫好地。

怎样做好小事情？

譬如，怎样写好字、读好书？

我们的写字现状究竟怎么样？

E时代汉字正在被迅速遗忘，因不被常写。深圳一档电视节目邀请几位高学历的成功人士现场写"大亨"的"亨"和"羽绒服"的"绒"，他们也许是一时思维空白，提笔忘字，写不上来，显得异常尴尬。

反观我们的课堂，来回答几个问题：

A. 学生养成良好的写字姿势了吗？

B. 老师还现场板书吗？

C. 教师的板书能真正起到示范作用吗？

D. 学生能写正确吗？

那么，我们应该怎样才能写好字呢？

A. 要把写字课纳入课程体系。

B. 借助媒体课件示范。

C. 一笔一画、一笔不苟地练习。

D. 建立书法等级考试评价标准。

再来审视一下我们读书的现状究竟怎样：

A. 老师喜欢读书吗？读书，是否只读三本书——教材、教参和题库？"教书，不读书"的现象发生在你身上了吗？你一学期共读几本书？都是哪些书？有什么收获？

B. 你的学生喜欢读书吗？你的班级或学校有多少藏书？每学期的图书有多少更新？学生都读了哪些教科书以外的图书？面对市场经济的名利考验、网络时代的信息浪潮，你怎样给学生一张"平静书桌"？怎样在学生心中种下"读书是公民一辈子的事"的种子？

小学教育不是山高水长，路漫漫；也不是月朦胧，鸟朦胧；更不是女儿国与盘丝洞。小学教育很简单，就15个字：做好操、扫好地、读好书、写好字、唱好歌。

唱好歌的本意在于从小养成悦己娱人，美化生活的意识；

写好字的本意在于从小养成一笔不苟，端正做事的意识；

读好书的本意在于从小养成终生向学，敬畏真知的意识；

扫好地的本意在于从小养成环保卫生，勤劳养命的意识；

做好操的本意在于从小养成健体第一，宝爱生命的意识。

这15个字，认真落实在每一个学生身上，不打折、不缩水地落实在每一个学生身上，哪所学校真正做到了？

三、一节节课，就是一次次仰望星空

"两种东西，我们愈是时常愈加反复地思索，它们就愈是给人的心灵灌注时时翻新、有加无减的赞叹和敬畏——头上的星空和心中的道德法则。"（康德语）在康德看来，头上的星空是宇宙论问题，心中的道德律是人类学问题；头上的星空是必然性的问题，心中的道德律是自由的问题。康德后来把他一生的探索归结为三个问题：我能够知道什么？我应该做什么？我能期望什么？这三个问题，难道不应当成为每位老师的教育哲学？究其根本，教育不就是老师将自己心中的星空展示给学生看，学生将自己心中的星空展示给老师与其他同学看吗？师与生、生与生仰望于斑斓幽邃的星宇之下，这是教育之大境界与大幸运。一节节课，不就是一幅幅熠熠生辉的星空，不就是一次次守望心中的道德法则吗？

艺术的目的是延续美丽

在美术课上,大家都水彩蜡笔地画个不停……方慧杨同学却双手托着下巴,发呆。

老师走过去,要他交作业。

他立马从兜里掏出一副小墨镜戴在立起的一个柠檬上,交给了老师。

"小样儿!这就是我让你画的画?"老师怒不可遏,"作业"被飞出窗外!

……

方慧杨同学找到了校长,校长找到了这位美术老师。

可是,校长什么也没说,只是让美术老师坐在校长室里,便出去了。

这时,美术老师看到校长室的墙上挂的一幅画,那是2011年7岁的小朋友画的一幅《锦上添花》……她好像明白了什么。

暑假开学了,美术老师主动来到校长室,与校长分享她行万里路的见闻。

她说,在西雅图机场,看到很多 12 岁以下小朋友的画作,被做成了模拟的玻璃工艺品。

 这个项目叫作 Kids Design Glass，是西雅图玻璃博物馆的一个儿童项目，针对 12 岁以下儿童。博物馆的玻璃制造专业团队每个月会选出一个儿童绘画作品，然后把它用玻璃打造出来，一个送给原创绘画者，一个作为博物馆的收藏！

 每个孩子的手工都是别具一格的原创艺术。艺术的目的是为了延续美丽。美丽是更好的艺术。更好的艺术不是去变着法子地改变别人，你只能改变自己，要跟世界和解，跟孩子和解，也只能向内探索，了解自己的软肋，向孩子学习，拜孩子为师。

 在同一个地球村里，人和人是从哪一刻变得不一样的？在成长过程中，每个人形成的对自我、他人和世界的种种感受，最后成为行为的初始原因。人人都有梦想，是实现梦想的能力或梦想被实现的命运将人们区分开来。

 "我们为什么一定要走出去，看看这个陌生的世界？"哈佛女校长德鲁·福斯特说，"好的教育之所以好，是因为它让你坐立不安，它强迫你不断重新认识自己和周遭的世界，从而不断作出改变。"

不改变，只有世界彼岸。

　　从"校长室"到"西雅图机场"，我们走过了哪里，哪里便丰富了我们。越远行，越觉得世界丰富，自己的经历渺小。与自己对话，发现生命中最难的阶段不是没有人懂你，而是你不懂你自己。懂了自己，就有了改变；有了改变，回头是岸。这就是艺术。因为艺术，人会有无限的可能。艺术从未期望每个孩子都成为艺术家，艺术只期望艺术成为孩子的好朋友、小伙伴，与其日日相伴，使其体验到愉悦与激动。艺术就是要像《锦上添花》与"西雅图玻璃博物馆的陈列"那样能使自己成为自己。艺术的目的就是为了延续美丽。不是吗？

在教室里,没有谁是普通人

一、临聘教师别致的爱

"她没有正式编制,不是学科带头人,也不是教学骨干,就是一位临聘的代课教师,因班主任休产假临聘的代课教师。"一坐到课堂,我的身边就飘来一阵耳语,"这班学生比较淘,特别是那个自闭症的孩子,课上总是自言自语,不安分……以前没少遭奚落……甚至被下逐客令……"

但是,我发现她在用最直接的感受去"创造",她把那个自闭症的孩子揽在怀里,孩子偎依着她,并不闹……每个孩子都是神圣不可侵犯的灵魂,在她的怀里得到了慰藉与尊重。

在教室里,没有谁是普通人。无论身份,无论性别,无论年龄,无论外表看上去多么风轻云淡,但隐藏在背后的往往是精彩绝伦。再平凡的你,只要用心对话,都可以给出别致的爱。

二、退休教师的"下水文"

他,退休的时候六十岁。教龄四十年。备课四十本。我翻看他的备课:每一次作文课,都有"下水文",且有可读性,可以结集成书。

他的背影消失在校园的转弯处,就这样,他过完了自己孤独且精彩的教书生涯。有人说他一生怀才不遇,替他惋惜。我却觉得大可不必有这种心理,否则,我们的教育就缺少了传奇,况且他的初心肯定也不是扬名立万，不是让人刮目相看。有的人一开始就知道自己的天分，有些人或许一辈子浑然不觉。不是世间所有的才华都要有人欣赏，不是所有的爱都要虚张声势。"每一次作文课，都有'下水文'"，看似普通，却很养人，一如妈妈做着家常便饭的沉默。沉默并不代表平庸，反倒是怀揣着秘密静静地生活，自由而开阔。

三、新泽西州一所小学的"自我评价"

在新泽西州一所公立小学，我看到一个一年级孩子，每天把自己的名字放在一个栏目中，进行自我评价，自我激励。

"我过了很开心的一天"，"我为自己感到骄傲"，"我正在努力"，"我看起来还不错"，"我可以做得更好"，"我在提醒自己"，"我今天过得不开心"……

有时，总有人抱怨教学无趣，也许因为教学缺少了仪式感。有了仪式，就有了认真的态度，就有了充满情感的表达，仪式感可让那些寡淡无味的教学变得色香味俱全，仪式感可以让教室里的每个人，都不是普通人。不信，谁都可以试试啊，学生喜欢的，恰恰是给他多余的仪式！

自我对话，近大者大

邀于永正老师到深圳来上课之后，我请他留存了两张纸——一张上是课题"给予树"的板书，另一张上是他示范誊写的下水文。送走于老师之后，我曾不止一次地看过这两张纸上他写下的每一个字，我也曾问过自己，这些字是他在什么时候，坐在哪里，以一种怎样的心境写的。凭他满头银发，面对一班毛头孩子，事前不费这个劲儿，不劳这个神儿，可以吗？

我这样冒傻气地自己追问自己，虽然不止一次，但始终没有得到一个让自己满意的答案，直至有一天，我读到了这样一段话——

"有两位我的友人刚刚从伦敦佳士德拍卖会上，把爱因斯坦写的一封亲笔信拍回国内。"朱清时在接受《新京报》记者采访时说，"原件是用德文写的，我事先已收集了有关的英文资料，所以知道内容。我长时间地看着爱因斯坦清秀的字迹，用放大镜看纸张中的纤维，看笔尖如何划过这些纤维，从中感觉到爱因斯坦当时的思绪。"

读了这段话，我忽地想到了那两张纸上的课题板书与下水文誊写，我又倏地想起了杜尚和达利，一个在纽约，一个在巴黎，一个做了"小便池"，一个做了"龙虾电话"，惺惺相惜了30年，都是不被常人理解的离经叛道，打破常规，充满荒诞的黑色幽默。

是的，常人怎么可以理解——我仔细端详于永正老师留下的写有课题板书与下水文的两张纸；常人怎么可能不认为，这就像"长时间用放大镜看爱因斯坦的书信"一样是一种荒诞与幽默。

别人怎样认为真的不重要，重要的是别人认为真的不重要时还痴迷于"长时间地看着爱因斯坦清秀的字迹，用放大镜看纸张中的纤维，看笔尖如何划过这些纤维，从中感觉到爱因斯坦当时的思绪"。朱清时的这句话很有分量，这是他与爱因斯坦天人相隔的思念。放大镜下写字的那个人生命静止了，手持放大镜看字的那个人却有无尽的话语。面对遗信，人可能是最真挚的状态了。对一个既不能给自己加官进爵，又不能给自己香车宝马的人，为什么情有独钟呢？朱清时说：

在这封信临近结尾的地方，爱因斯坦写了一段著名的话，既是对他的挚友说的，大概也是对自己说的。"现在，他又比我早一点点离开了这个奇怪的世界。这一点并不重要。对相信物理的我们来说，不管时间多么持久，过去、现在、未来之间的分别，只是持续存在的幻想。"这段话中流露出他既看穿了世界也看穿了人生的心境。

我思忖，这肯定也勾起了朱清时过往生命中那些难以割舍的情怀：

半个多世纪前，我读高中的时候就崇拜爱因斯坦。当时不知天高地厚，还把"做中国的爱因斯坦"作为志向。大学毕业前受文革思潮影响，我幼稚地想批判相对论中的"唯心主义"，却越来越理解它的道理。后来才知道，我们这样的普通科研人员，一生无非就是理解和观察他理论中的一些细节，只能仰视他。现在古稀之后，我突然见到了这个终身崇拜的偶像的亲笔信，并且能够这样零距离地接触和感悟，很激动。

我几天几夜都与这封信在一起，仔细看了它的每一个细节，感觉我在和爱因斯坦对话。这是我一生中最奇妙也最美好的时候。

通过一封信，朱清时在和爱因斯坦对话；通过两张纸，我在和于永正对话——人一生走过漫漫长路，教书也好，做科研也罢，最重要的不是无穷尽地执著、追逐，而是保持一颗能看见、能感受的天真之心。

怀着天真的心，小学语文的海洋里，我是一座冰山，于永正也是；在科学的海洋里，朱清时是一座冰山，爱因斯坦何尝不是另一座冰山。我们露出海洋的部分都有限，但是这并不妨碍生为冰山，就该淡淡地爱海流、爱风，并且在偶然接触时，全心全意地爱另一块冰山。

每当怀疑、审视教学人生的时候，我都会慢下来，看看于永正那练习板书和誊写下水文的两张纸，留一点对未来的想象和憧憬，留一点空间给内心涌动的热情，也留一点时间给专注和挚爱的领域。

譬如，在当下网络化的刷屏时代，我的教学并未让手写边缘化。手写有人味。手握着笔，笔尖在纸上舞蹈，每一步，都是人的味道。手写能培养美，一笔一画，字写好看了，对于线条、形状、颜色、空间等美感的重要组成元素就有感觉了。如果人人都能写一手漂亮的字，我们的日常生活和周围的建筑会美丽很多。手写是最简单的快乐。不是吗？一支笔、一张纸，仅此而已。写着、写着，你或许会发现，文字能够打败时间，文字是生命的酒，文字是存在的家，文字不灭，族群永续。

两张纸，写有板书与下水文的纸；一封信，爱因斯坦用德文写的亲笔信。它们的原始风格独特而又杰出——是各自领域崇高理想、完美艺术和罕见心灵与智慧的实证和写照，宛如稀有的红木古典家具，充满仪式感，形象端庄，细节精致；又如弥足珍贵的艺术品，具有宗教般的伟力！

仰望天空，天空蔚蓝；脚踏大地，微风清凉。加缪说："我无保留地爱这生命，愿意自由地谈论它，因为它使我对我作为人的处境感到骄傲。然而人们常常对我说：没有什么可骄傲的。不，确有可以骄傲的东西：这阳光，这大海，我的洋溢着青春的心，我的满是盐味儿的身体，还有那温情和光荣在黄色和蓝色中相会的广阔的背景。我必须运用我的力量和才能获取的正是这一切。这里的一切都使我完整无损，我什么也不抛弃，我任何假面也不戴，我只需耐心地学习……"

尘世间，唯有具备"灵魂相似度"的人，才能真正对话，读懂彼此；精神的血缘，可以跨越时空，将失散已久的亲人，紧紧绾结在一起。

日常教学，才是最美的远方

一、人间第一美

自信，依我看，是中性的。

自信到底有何用？你喜欢什么根本不意味着你能做什么，你想象中的自己也不是真实的自己，但是，做中的你一定是真实的你。

我倡导创课，并切切实实地去"创"，失败或成功，再去"创"，避免侥幸或运气作祟的成分，逐渐拨开迷雾，见到真我，明白自己能做什么远比自己想做什么重要得多。而自信就是让你敢于成功与失败的能力。

2016年9月23日，在云南昆明呈贡天骄学校举行的第十三届全国名家创新作文大赛指导教师培训活动中，我创课《述说自己之真》。甫一上课，我问孩子们："主持人刚刚介绍过，谁还记得我的姓名？"未曾想到，班上一个歪着脖子、流着口水，既站不稳，又说不明白的"非常"女孩第一时间举了手。我微笑邀她站到前台，见她摇摇晃晃地站起来，蹒跚走过来，我立马迎过去，揽着她面向台下的学生"站稳"了。偎依在我怀里的"非常"女孩，"孙建锋"三个字既发不准字音，又发不出音量，我一个字一个字地教她，她"牙牙学语"异常努力……我揽着她的肩说："你太棒了！今天你把'孙建锋'说得那么准确，声音那么响亮，相信你以后一定可以做得更好。"……扶孩子落座的刹那，孩子满脸灿烂，仿佛绽放的一朵花……

在辩论的环节里，"非常"女孩跃跃欲试，我再次邀她发言，依然揽着她，女孩说话的声音较前一次响亮了许多，她使出全部力气把字音发准。虽然她没有一语惊人，但是她在努力，那努力的样子，不亚于妈妈生产小宝宝的时候在使出生命的气力，那努力"诞生"的美是人间第一美。

眼睛向下自信地与"弱者"对话，才是真关怀。真关怀，才是真教育；真教育，才有真改变。不是吗？"非常"女孩真的变成了女孩"非常"。

当然，太自信特别是自诩聪明的人，做事就想着走捷径，或者直接获益，否则，干脆都不愿意做了，这种过分自信只是对自己和世界的无知。

二、"好好儿活"

母亲扑过来抓住我的手，忍住哭声说："咱娘儿俩在一块儿，好好儿活，好好儿活……"

读罢《秋天的怀念》，自问：怎样才是"好好儿活"？

一人一个活法，活着、活着，活出人的味道，越活越觉得，对人对己，要再多些耐心、理解、容让，再多些低标准、宽要求，再多些和颜悦色、天高云淡。

说千道万，具体到每一天，就是过好自己的日子、带好自己的孩子。把自己过得健健康康、漂漂亮亮，高高兴兴；别的，都是浮云。

三、诗意的美

这是个终身学习的时代，各种教学观摩纷至沓来，教师们趋之若鹜，而又无所适从。于是，有的老师问：最美的课在哪里？

就像在这个时代，旅行几乎成了理想生活的标配，大至八十岁的老太太，小至腹中胎儿，都在路上呢。大多数人生历程，都源于一个念头，这真是生命的奇妙之处。我曾变换着体验每一种"穷游"的方式。沉迷过"远方"的人终于发现，最美的远方，是日常；最难到的远方，也是日常。同理，最美的课，是家常课。最难节节都上得美的课也是家常课。

各路教学名家们，都是"远方的人们"；各种公开课，都是"陌生的风景"；每一节家常课，都是一日三餐的家常便饭。再远方的人们也有着人性的种种弱点，再陌生的风景有一天也会成为日常忽略的背景。再触手可及的家常便饭，也埋藏着"养人"的诗意。

既然如此，那究竟是什么让一个教师生活中有诗和远方？我们从教开始追寻的远方又在哪里？

在更为浩瀚的文字世界里，我找到了答案，并在现实中不断得到印证。

摩西奶奶一生几乎未出过农场，过完大半辈子后，用画笔描绘下最日常生活里平常又美好的一切，晶莹的露珠，可爱的孩子，高高的谷堆，白白的雪地……

一百岁的摩西奶奶说：所有不起眼的平常时刻，都是永恒的美好。

美国最伟大的女诗人艾米丽·迪金森亦是如此，在她短暂的50多年的独身生命里，几乎如一个女尼般闭门不出，却留下了1700多首诗歌。

是的，每一间教室方寸可见，禁锢的只是身躯，而同样居于其中的精神世界却可以无限广大。

我们最难以抵达的远方，不是各种公开课的舞台，而是自己内心的舞台啊。

一个眼里看得到光亮的教师无论身处何方校园，何间教室，诗意的美好俯拾皆是。

日常教学，才是最美的远方！

从"自我归罪"的恐惧中走出来

考试成绩单下来了,一个三年级的学生在日记里写道——

令人惊讶的考分

发下试卷,我看到了你。这考分,令人惊讶。96、96、86、46,特别是英语的86。真想丢掉它,扔河里,会被捕来的鱼吐出;埋土里,会被种出的树顶出;放垃圾堆里,会被收垃圾的人看到。哎!真不知如何是好!

显然,这个三年级的孩子,恨不得把英语86的考分扔进河里喂鱼,挖个坑埋在土里,索性丢进垃圾堆里……一股和年龄不相称的极度惊恐、万分羞耻,以及不知所措的负情绪,深深侵蚀着这个9岁孩子的心。

读他的日记,读他的心思,忽然觉得这个9岁的孩子不仅是在"忏悔",还有一种自我归罪。

在昆德拉看来,最可怕的是自我归罪。他说,卡夫卡讲故事的主题几乎都关乎自我归罪:从没有做任何坏事或者说不知自己做过什么坏事的K,生活在他人归罪的处境中,日子久了,开始觉得自己真的有罪,开始用别人的道德原则来审判自己的生活。自我归罪是个人的一种生存状态,用社会的或意识形态的他人归罪来审判自己,自己让自己变成有罪的人。

极端的应试教育,考试排名,不仅让一个个孩子自我归罪,也强迫教师自我归罪——如果你不按照"铃声一响赶鸭子（赶进教室）—鼠标一点灌鸭子（死记硬背）—试卷一出烤鸭子（考试排名）—末了全变板鸭子"的牌理出牌，就会觉得自己是罪大恶极、罪恶滔天、罪不可恕的"K"。

努力使自己成为"K"的，绝不仅仅只有学校的老师与学生，还有千家万户的学生家长。

"K"怎样救赎与自我救赎呢？

台湾著名作家林清玄说：我发现大陆家长很在意成绩，都想让孩子考第一名，其实，现在世界精英都不是当年的尖子生，他们在班级的排名是第七名到第十七名。原因就是这些孩子人际关系更好，可以和第一名做朋友，也可以和最后一名做朋友，而且孩子压力小，生活更轻松，是创意最好的。如果你的孩子是第一名，那就让他别那么努力，轻松点，考个第七到第十七名，那才能成功嘛。如果你的孩子是后几名，那就让他努力进到第七至第十七名。考大学了，我第一年没考上，第二年也没考上，第三年终于考上了，大学录取分数是361分，我考了361.5分，回到家我用红纸写上"恭祝林清玄金榜题名"贴在大门上。比我差半分的是世界500强企业的老板。

有这样一则网文：

我是一个中国学校的学渣。不是谦虚，是官方认证的。我在国内上中学的时候，150分的数学考试，最低考过27分。

27分大家知道是什么概念吗？我们那时候考试用的是答题卡，把答题卡放到地上，然后踩两脚，把鞋印放到机器里——估计这样出来的分数也不止27分。

我考27分那次，是我们班的倒数第三名。还有两个比我更差的，我们三个人现在还是很好的朋友。那两个人，倒数第二的考了26分，我以一分险胜。他现在在美国一家世界500强的公司担任副总裁级的高管。考倒数第一的那个人考了9分，9分啊，如果我是两个鞋印，他就只能是大半个鞋印了。这个人后来考上了英国的牛津大学,现在是全球知名的经济学家。

所以,如果孩子现在数学成绩不好,我们不用太焦虑,它代表不了什么,既不代表孩子不聪明,也不代表孩子学习能力不好,有一种可能,就是孩子所接受的数学教育,有问题。

林清玄、"副总裁级的高管"和数学只考9分的"全球知名的经济学家"成功地证明,极端功利的考试排名的应试教育是一种"谎言",制造着普遍的恐惧。恐惧是最强韧的链条,绑得人屏气凝神,万众一心。而这种梦幻的恐惧,只在尚未怀疑应试的实在性的时候才存在,而随着"86分的孩子,连同他的老师与家长们"的一个个觉醒,它将失去自身的"真理性",前提是要迅速从"自我归罪"的恐惧中走出来!

留一点对未来的想象和憧憬,留一点空间给内心涌动的热情,也要留一点时间给专注和挚爱的专业,一种对应试的离异正在发生,请捡起被时间碾碎的勇气。

出发不需要路

教学需要评价,评价需要"重新"出发,出发不需要路,路需要双脚沾满清香的泥。

一、新泽西州一所小学的"自我评价"

在新泽西州一所公立小学,我看到一个一年级孩子,每天把自己的名字放在一个栏目中,进行自我评价,自我激励。

我相信,如是"自我评价",没有哪一间教室不能操作;同时我也相信,不是所有的人都不会追问"这样评价有什么用,能考几分"。我一丁点儿都不责怪,因为这是"出发"之前的惯有想法。"出发不需要路",路在自己脚下。出发了,请在自己"惯有想法"周围筑起高墙,不要再放任何人入内,但一定要放自己出去。走出去,一路上定能闻到每个孩子身上散发着成长的"奶香"。

二、"卖火柴的小女孩"的家乡的孩子无分数

或许有人不相信。所有的不相信,都是因为见识太少。"卖火柴的小女孩"的家乡丹麦,13岁以下的孩子们从来没有在学校拿到过分数,已经40多年了。6到7岁开始接受教育的丹麦孩子,除了学习数学和英语外,学校还会教他们如何去守规矩,如何变得自信,如何作出正确的决

定，这些东西在丹麦社会里极其重要，但考试很难对学生作出评价。所以，在丹麦的教育机构里，不再有考试，全部学生自动升入下一阶段的教育。不管他们成绩如何，升到八年级之前没有任何分数。学生的进步，是通过更专业的无分评估系统观测的。孩子们说："老师告诉我们哪一点弄错了，这比告诉分数更重要"；"不评分让我们释放压力，我们可以安排自己的时间，因此，上八年级后，我们会取得更好的成绩"。如此评价虽然也有争论，但学校和老师们更偏向于现存的无分体系。丹麦无分评价，出发前有前车之鉴吗？

三、英国的"颠覆"考试

由于物种的延续和社会发展的需要，我们需要更多的人投身到科学中来，但小朋友常常不知道身处的那个世界里的人不需要用新的思维思考问题。这就是我们为什么要进行新的教育变革，因为不断输出劳动力和上班族，这类人现在已经处于饱和状态了。我们需要的是具有创造性的创新者。改变教育的具体方向就是去改变我们一直所固有的观念。譬如教育如果总是不断地用一种评价方法度量人，答案永远是一样的。英国尝试"颠覆"一人一桌的传统考试。例如，我们大谈合作的重要性，进行考试的时候，却让每个考生都相隔一大段距离，桌子上只有笔和纸张，这怎么能培养学生的合作能力？所以考试时可以让孩子一起合作做项目。再如，如果是一项强制性口语交际考试，可以通过互联网的方式，也可以和自己的邻居交谈。又如，考试不仅仅测试学生的记忆力，还包括解决问题、与他人合作、找到他人强项的能力，等等。

不仅美国、丹麦、英国在进行评价改革，我国也在积极探索，开展国家义务教育质量检测的实验研究。将来定能像芬兰那样取消统考，摒弃督导，给教师根据自己的专业判断实施教学的自由。当然，这种自主权的前提条件是高质量的师范教育、高度专业化的师资队伍。

孩子的学习是一生的事情，永远不该被考试触及终点。教育是发现自己潜能、活出内在宝贵生命的过程，不是为了考试给予答案，记住答案，没有答案的教育才更接近人生的真相。

　　适时结束不适时的评价，向前走，莫回头，出发不需要路！

图书在版编目（CIP）数据

教育中的对话艺术/孙建锋著.—上海：华东师范大学出版社，2018
ISBN 978-7-5675-7640-7

Ⅰ.①教... Ⅱ.①孙... Ⅲ.①教育工作 Ⅳ.①G4

中国版本图书馆 CIP 数据核字（2018）第 079111 号

大夏书系·教育艺术

教育中的对话艺术

著　　者	孙建锋
责任编辑	卢风保
封面设计	奇文云海·设计顾问
出版发行	华东师范大学出版社
社　　址	上海市中山北路 3663 号　邮编　200062
网　　址	www.ecnupress.com.cn
电　　话	021-60821666　行政传真　021-62572105
客服电话	021-62865537
邮购电话	021-62869887　地址　上海市中山北路 3663 号华东师范大学校内先锋路口
网　　店	http：//hdsdcbs.tmall.com
印　刷　者	北京季蜂印刷有限公司
开　　本	700×1000　16 开
插　　页	1
印　　张	14.5
字　　数	201 千字
版　　次	2018 年 6 月第一版
印　　次	2019 年 11 月第三次
印　　数	9 101-12 100
书　　号	ISBN 978-7-5675-7640-7/G·11061
定　　价	39.80 元

出 版 人　王　焰

（如发现本版图书有印订质量问题，请寄回本社市场部调换或电话 021-62865537 联系）